趙爾巽等撰

清史稿

第五册

卷二六至卷三四（志）

中華書局

清史稿卷二十六

志一

天文一

歷代天文志，自史記天官書後，唯晉、隋兩志，備述天體、儀象、星占，唐、宋加詳，皆未盡也。至元，景測益精明，占候較密，然疆宇所囿，聲教未宏，齊政窺璣，尚多略焉。有清統一區夏，聖聖相承。聖祖親釐象數，究極精微，前後製新儀七，測日月星辰，則窮極分秒；度輿圖經緯，則偏歷幅隕。世宗復以歲久積差，准監臣改用橢圓術。高宗又以舊記星紀，間有疏漏，御製璣衡撫辰儀，重加測候。迨平定回疆及兩金川，復令重度里差，增入時憲。理明數確，器精法密，自古以來，所未有也。今爲天文志，備載推驗之法，其天象昭垂，見於歷朝實錄及所司載記者，亦悉書之。乾隆六十年以後，國史無徵，則從闕焉。

天象　地體　里差

天象　曆象考成天象篇云：「楚辭天問曰：『圜則九重，孰營度之？』後世曆家，謂天有十二重，非天實有如許重數，蓋言日月星辰運轉於天，各有所行之道，卽楚辭所謂圜也。欲明諸圜之理，必詳諸圜之動，欲考諸圜之動，必以至靜不動者準之，然後得其盈縮。蓋天道靜專者也，天行動直者也。至靜者自有一天，與地相爲表裏，故羣動者運於其間而不息。若無至靜者以驗至動，則聖人亦無所成其能矣。人恆在地面測天，而七政之行無不可得者，正爲以靜驗動故也。

「十二重天，最外者爲至靜不動；次爲宗動，南北極赤道所由分也。次爲南北歲差；次爲東西歲差；此二重天，其動甚微，曆家姑置之而不論焉。次爲三垣二十八宿，經星行焉。次爲塡星所行；次爲歲星所行；次爲熒惑所行；次則太陽所行，黃道是也。次爲太白所行；次爲辰星所行；最內者則太陰所行，白道是也。要以去地之遠近而爲諸天之內外，然所以知去地之遠近者，則又從諸曜之掩食及行度之遲疾而得之。蓋凡爲所掩食者必在上，而掩之食之者必在下。月體能蔽日光而日爲之食，是日遠月近之徵也。月能掩食五星，而月與五星又能掩食恆星，是五星高於月而卑於恆星也。五星又能互相掩食，是五星各有遠近也。

「又宗動天以渾灝之氣挈諸天左旋，其行甚速。故近宗動天者，左旋速而右移之度遲。漸遠宗動天，則左旋較遲而右移之度轉速。今右移之度，惟恆星最遲，土木次之，火又次之。日、金、水較速而月最速，是又以次而近之證也。」

考成後編日躔曆理云：「西法自多祿某以至第谷，立爲本天高卑、本輪、均輪諸說，近世刻白爾、噶西尼等，又以本天爲橢圓。」月離曆理云：「自西人創爲橢圓之法，日距月天最高有遠近，則太陰本天心有進退。地心與天心相距，兩心差有大小。」合觀諸論，天象備矣。

恆星天無地半徑差及次輪消息，故志土星以下七天距地心數，著考測之詳焉。

諸天距地心數：

土星最高一十一又一百零四萬二千六百分之三十五萬二千六百日天半徑；

木星最高六又一百九十二萬九千四百八十分之一百三十萬五千九百日天半徑；

火星最高二又六百三十萬二千七百五十分之五百五十五萬二千二百五十日天半徑；

日均輪術最高一千一百六十二地半徑，橢圓術最高一萬零九百七十五地半徑；

金星最高高於日一千萬分日天半徑之七百五十四萬五千六百四十四，最下下於日如之；

水星最高高於日一千萬分日天半徑之四百五十三萬二千一百五十五，最下下於日如之；

月均輪術最高朔望時五十八又百分之一十六地半徑，橢圓術最高六十三又百分之七十七地半徑。

地體　渾天家謂天包地如卵裏黃，內經：「黃帝曰：『地之爲下否乎？』岐伯曰：『地爲人之下，太虛之中也。』曰：『憑乎？』曰：『大義舉之也。』」大戴禮：「單居離問於曾子曰：『天圓而地方，誠有之乎？』曾子曰：『如誠天圓而地方，則是四角之不掩也。參嘗聞諸夫子曰：「天道曰圓，地道曰方。」』」宋儒邵子曰：「天何依？依乎地；地何附？附乎天。天地何所依附？自相依附。自相依附，天依形，地附氣。」程子曰：「據日景以三萬里爲中，若有窮，然有至一邊已及一萬五千里，而天地之運蓋如初。然則中者亦時中耳。」又曰：「今人所定天體，只是且以眼定，視所極處不見，遂以爲盡。然向曾有於海上見南極下有大星十，則今所見天體蓋未定。日月升降，不過三萬里中，然而中國只到鄯善、沙車，已是一萬五千里。若就彼觀日，尙只是三萬里中也。伯淳在澤州，嘗三次食韭黃，始食懷州韭，次食澤州，次食幷州，則知數百里間，氣候已爭三月矣。若都以此差之，則須爭半歲。如是，則有在此冬至、在彼夏至者，只是一般爲冬夏而已。」朱子天問注云：「天之形圓如彈丸，其運轉者亦無形質，但如勁風之旋。地則氣之渣滓聚成形質者，但以其束於勁風旋轉之中，故得以兀然浮空甚久而不墮耳。」西人謂地體渾圓，四面皆有人，冬夏互異，晝夜相反，與內經、戴記及宋儒之言若合符節。今以天周三百六十度徵之，南行二百里，則北極低一度；北行二百里，則北極高一度。東西當赤道下行二百里，則見月食之早晚亦差一度。其在赤道南北緯圈下行，雖廣狹不同，然莫不應乎渾象。則知地之大周皆三百六十度，東西南北皆周七萬二千里，以古尺八寸計之，則周九萬里；以圍三徑一率之，則徑三萬里；亦與古三萬里爲中之說相符。然則地體渾圓，無疑義矣。距緯應大周里數不同，爲志其要。

赤道南北距緯東西每度相距里數：

距緯一度，一百九十九里三百四十步；

距緯五度，一百九十九里八十步；

距緯十度，一百九十六里三百四十步；

距緯十五度，一百九十三里六十步；

距緯二十度，一百八十七里三百二十步；

距緯二十五度，一百八十一里八十步；

距緯三十度，一百七十三里六十步；

距緯三十五度，一百六十三里二百八十步；
距緯四十度，一百五十三里八十步；
距緯四十五度，一百四十一里一百二十步；
距緯五十度，一百二十八里二百步；
距緯五十五度，一百一十四里二百四十步；
距緯六十度，九十九里三百四十步；
距緯六十五度，八十四里二百步；
距緯七十度，六十八里一百四十步；
距緯七十五度，五十一里二百四十步；
距緯八十度，三十四里一百六十步；
距緯八十五度，一十七里八十步；
距緯八十九度，三里一百六十步。

里差者，因人所居有南北東西之不同，則天頂地平亦異，可以計里而定，故名里差，其所關於仰觀甚鉅。蓋恆星之隱見，晝夜之永短，七曜之出沒，節氣之早晚，交食之深淺先後，莫不因之而各殊。惟得其所差之數，則各殊之故，皆可豫知，不致詫爲失行而生飾說矣。新法算書所載各省北極高及東西偏度，大概據輿圖道里定之，多有未確。今以康熙年間實測各省及諸蒙古高度、偏度，並乾隆時憲所增省分，與回疆部落、兩金川土司等，晝夜永短，節氣早晚，推得高度、偏度備列焉。

北極高度：

京師高三十九度五十五分；
盛京高四十一度五十一分；
山西高三十七度五十三分三十秒；
朝鮮高三十七度三十九分十五秒；
山東高三十六度四十五分二十四秒；
河南高三十四度五十二分二十六秒；
陝西高三十四度十六分；
江南高三十二度四分；
四川高三十度四十一分；
湖廣高三十度三十四分四十八秒；

浙江高三十度十八分二十秒；
江西高二十八度三十七分十二秒；
貴州高二十六度三十分二十秒；
福建高二十六度二分二十四秒；
廣西高二十五度十三分七秒；
雲南高二十五度六分；
廣東高二十三度十分；
布壠堪布爾嘎蘇泰高四十九度二十八分；
額格塞楞格高四十九度二十七分；
桑錦達賚湖高四十九度十二分；
肯特山高四十八度三十三分；
克嚕倫河巴爾城高四十八度五分三十秒；
圖拉河汗山高四十七度五十七分十秒；
喀爾喀河克勒和碩高四十七度三十四分三十秒；
杜爾伯特高四十七度十五分；

鄂爾坤河額爾得尼昭高四十六度五十八分十五秒；

崆格扎布韓堪河高四十六度四十二分；

扎賚特高四十六度三十分；

推河高四十六度二十九分二十秒；

科爾沁高四十六度十七分；

郭爾羅斯高四十五度三十分；

阿嚕科爾沁高四十五度三十分；

翁吉河高四十五度三十分；

薩克薩克圖古里克高四十五度二十三分四十五秒；

烏朱穆沁高四十四度四十五分；

浩齊特高四十四度六分；

固爾班賽堪高四十三度四十八分；

巴林高四十三度三十六分；

扎嚕特高四十三度三十分；

阿巴哈納爾高四十三度二十三分；

阿巴噶高四十三度二十三分；
奈曼高四十三度十五分；
克什克騰高四十三度；
蘇尼特高四十三度；
哈密高四十二度五十三分；
翁牛特高四十二度三十分；
敖漢高四十二度十五分；
喀爾喀高四十一度四十四分；
四子部落高四十一度四十一分；
喀喇沁高四十一度三十分；
茂明安高四十一度十五分；
烏喇特高四十度五十二分；
歸化城高四十度四十九分；
土默特高四十度四十九分；
鄂爾多斯高三十九度三十分；

阿拉善山高三十八度三十分。

右康熙年間實測。

雅克薩城高五十一度四十八分；
黑龍江高五十度一分；
三姓高四十七度二十分；
伯都訥高四十五度十五分；
吉林高四十三度四十七分；
甘肅高三十六度八分；
安徽高三十度三十七分；
湖南高二十八度十三分；
越南高二十二度十六分；
阿勒坦淖爾烏梁海高五十三度三十分；
汗山哈屯河高五十一度十分；
唐努山烏梁海高五十度四十分；
烏蘭固木杜爾伯特高四十九度二十分；

額爾齊斯河高四十八度三十五分；
齋桑淖爾高四十八度三十五分；
阿勒台山烏梁海高四十八度三十分；
阿勒輝山高四十八度二十分；
科布多城高四十八度二分；
烏里雅蘇台城高四十七度四十八分；
哈薩克高四十七度三十分；
塔爾巴哈台高四十七度；
布勒罕河土爾扈特高四十七度；
巴爾噶什淖爾高四十七度；
烏隴古河高四十六度四十分；
赫色勒巴斯淖爾高四十六度四十分；
和博克薩哩土爾扈特高四十六度四十分；
扎哈沁高四十六度三十分；
齋爾土爾扈特高四十六度十分；

哈布塔克高四十五度；
吹河高四十四度五十分；
博羅塔拉高四十四度五十分；
拜達克高四十四度四十三分；
晶河土爾扈特高四十四度三十五分；
庫爾喀喇烏蘇土爾扈特高四十四度三十分；
安濟海高四十四度十三分；
哈什高四十四度八分；
伊犁高四十三度五十六分；
塔拉斯河高四十三度五十分；
穆壘高四十三度四十五分；
濟木薩高四十三度四十分；
巴里坤高四十三度三十九分；
崆吉斯高四十三度三十三分；
烏魯木齊高四十三度二十七分；

珠勒都斯高四十三度十七分；
吐魯番高四十三度四分；
塔什干高四十三度三分；
和碩特高四十三度；
那林山高四十三度；
特穆爾圖淖爾高四十二度五十分；
魯克沁高四十二度四十八分；
烏沙克塔勒高四十二度十六分；
哈喇沙爾高四十二度七分；
庫爾勒高四十一度四十六分；
布爾古高四十一度四十四分；
賽哩木高四十一度四十一分；
納木干高四十一度三十八分；
庫車高四十一度三十七分；
布嚕特高四十一度二十八分；

安集延高四十一度二十八分；
霍罕高四十一度二十三分；
阿克蘇高四十一度九分；
烏什高四十一度六分；
鄂什高四十度十九分；
喀什噶爾高三十九度二十五分；
巴爾楚克高三十九度十五分；
英吉沙爾高三十八度四十七分；
葉爾羌高三十八度十九分；
斡罕高三十八度；
色埒庫勒高三十七度四十八分；
喀楚特高三十七度十一分；
哈喇哈什高三十七度十分；
克里雅高三十七度；
和闐高三十七度；

伊里齊高三十七度；
博羅爾高三十七度；
三珠高三十六度五十八分；
玉隴哈什高三十六度五十二分；
鄂囉善高三十六度四十九分；
什克南高三十六度四十七分；
巴達克山高三十六度二十三分；
三雜谷高三十二度一分；
黨壩高三十一度五十六分；
綽斯甲布高三十一度五十三分；
金川勒烏圍高三十一度三十四分；
金川噶拉依高三十一度十九分；
瓦寺高三十一度十七分；
革布什咱高三十一度八分；
布拉克底高三十一度四分；

小金川美諾高三十一度；
巴旺高三十度五十八分；
沃克什高三十度五十六分；
明正高三十度二十八分；
木坪高三十度二十五分；
右乾隆時憲所增。
東西偏度：
盛京偏東七度十五分；
浙江偏東三度四十一分二十四秒；
福建偏東二度五十九分；
江南偏東二度十八分；
山東偏東二度十五分；
江西偏西三十七分；
河南偏西一度五十六分；
湖廣偏西二度十七分；

廣東偏西三度三十三分十五秒；
山西偏西三度五十七分四十二秒；
廣西偏西六度十四分四十秒；
陝西偏西七度三十三分四十秒；
貴州偏西九度五十二分四十秒；
四川偏西十二度十六分；
雲南偏西十三度三十七分；
朝鮮偏東十度三十分；
郭爾羅斯偏東八度十分；
扎賴特偏東七度四十五分；
杜爾伯特偏東六度十分；
扎嚕特偏東五度；
奈曼偏東五度；
科爾沁偏東四度三十分；
敖漢偏東四度；

阿祿科爾沁偏東三度五十分；
喀爾喀河克勒和邵偏東二度四十六分；
巴林偏東二度十四分；
喀喇沁偏東二度；
翁牛特偏東二度；
烏朱穆秦偏東一度十分；
克什克騰偏東一度十分；
蒿齊忒偏東三十分；
阿霸哈納爾偏東二十八分；
阿霸垓偏東二十八分；
蘇尼特偏西一度二十八分；
克魯倫河巴拉斯城偏西二度五十二分；
四子部落偏西四度二十二分；
歸化城偏西四度四十八分；
土默特偏西四度四十八分；

喀爾喀偏西五度五十五分；
毛明安偏西六度九分；
吳喇忒偏西六度三十分；
肯忒山偏西七度三分；
鄂爾多斯偏西八度；
圖拉河韓山偏西九度十二分；
翁機河偏西十一度；
固爾班賽堪偏西十一度；
布龍看布爾嘎蘇泰偏西十一度二十二分；
阿蘭善山偏西十二度；
厄格塞楞格偏西十二度二十五分；
鄂爾昆河厄爾德尼招偏西十三度五分；
推河偏西十五度十五分；
桑金答賴湖偏西十六度二十分；
薩克薩圖古里克偏西十九度三十分；

空格衣扎布韓河偏西二十度十二分；
哈密城偏西二十二度三十二分。
　右康熙年間實測。
三姓偏東十三度二十分；
黑龍江偏東十度五十八分；
吉林偏東十度二十七分；
伯都訥偏東八度三十七分；
安徽偏東三十四分；
雅克薩城偏西十七分；
湖南偏西三度四十二分；
越南偏西十度；
甘肅偏西十二度三十六分；
烏里雅蘇台城偏西二十二度四十分；
巴里坤偏西二十三度；
扎哈沁偏西二十三度十分；

唐努山烏梁海偏西二十四度二十分；
哈布塔克偏西二十四度二十六分；
拜達克偏西二十五度；
穆壘偏西二十五度三十六分；
烏蘭固木杜爾伯特偏西二十五度四十分；
魯克沁偏西二十六度十一分；
吐魯番偏西二十六度四十五分；
濟木薩偏西二十六度五十二分；
科布多城偏西二十七度二十分；
烏魯木齊偏西二十七度五十六分；
布勒罕河土爾扈特偏西二十八度十分；
烏沙克塔勒偏西二十八度二十六分；
阿勒台山烏梁海偏西二十八度三十五分；
阿勒坦淖爾烏梁海偏西二十八度四十分；
汗山哈屯河偏西二十九度；

烏隴古河偏西二十九度十五分；
赫色勒巴斯淖爾偏西二十九度十五分；
哈喇沙爾偏西二十度十七分；
庫爾勒偏西二十九度五十六分；
塔爾巴哈台偏西三十度；
珠勒都斯偏西三十度五十分；
安濟海偏西三十度五十四分；
和碩特偏西三十一度；
和博克薩哩土爾扈特偏西三十一度十五分；
庫爾喀喇烏蘇土爾扈特偏西三十一度五十六分；
崆吉斯偏西三十二度；
布古爾偏西三十二度七分；
額爾齊斯河偏西三十二度二十五分；
齋桑淖爾偏西三十二度二十五分；
哈什偏西三十三度；

齊爾土爾扈特偏西三十三度；

博囉塔拉偏西三十三度三十分；

晶河土爾扈特偏西三十三度三十分；

庫車偏西三十三度三十二分；

克里雅偏西三十三度三十三分；

伊犁偏西三十四度二十分；

賽哩木偏西三十四度四十分；

哈薩克偏西三十四度五十分；

玉隴哈什偏西三十五度三十七分；

和闐偏西三十五度五十二分；

伊里齊偏西三十五度五十二分；

哈喇哈什偏西三十六度十四分；

阿勒輝山偏西三十六度五十分；

阿克蘇偏西三十七度十五分；

三珠偏西三十七度四十七分；

巴爾噶什淖爾偏西三十八度十分；
烏什偏西三十八度二十七分；
特穆爾圖淖爾偏西三十九度二十分；
巴爾楚克偏西三十九度三十五分；
葉爾羌偏西四十度十分；
英吉沙爾偏西四十一度五十分；
吹河偏西四十二度；
喀什噶爾偏西四十二度二十五分；
色埒庫勒偏西四十二度二十四分；
喀楚特偏西四十二度三十二分；
鄂什偏西四十二度五十分；
博羅爾偏西四十三度三十八分；
巴達克山偏西四十三度五十分；
塔拉斯河偏西四十四度；
布嚕特偏西四十四度三十五分；

安集延偏西四十四度三十五分；
什克南偏西四十四度四十六分；
那林山偏西四十五度；
斡罕偏西四十五度九分；
鄂囉善偏西四十五度二十六分；
納木干偏西四十五度四十分；
霍罕偏西四十五度五十六分；
塔什干偏西四十七度四十三分；
瓦寺偏西十二度五十八分；
木坪偏西十三度三十七分；
沃克什偏西十三度五十一分；
三雜谷偏西十三度五十六分；
小金川美諾偏西十四度七分；
布拉克底偏西十四度二十二分；
金川噶拉依偏西十四度二十九分；

黨壩偏西十四度二十九分；
金川勒烏圍偏西十四度三十四分；
巴旺偏西十四度三十四分；
綽斯甲布偏西十四度四十四分；
明正偏西十四度四十九分；
革布什咱偏西十四度五十一分。
右乾隆時憲所增。

淸史稿卷二十七

志二

天文二

儀象

漢創渾天儀，謂卽璣衡遺制，唐、宋皆倣爲之。至元始有簡儀、仰儀、闚几、景符等器，視古加詳焉。明於北京齊化門內倚城築觀象臺，倣元制作渾儀、簡儀、天體三儀，置於臺上。臺下有晷景堂、圭表、壺漏，淸初因之。康熙八年，聖祖用監臣南懷仁言，改造六儀，曰黃道經緯儀、赤道經緯儀、地平經儀、地平緯儀、紀限儀、天體儀。五十二年，復將地平經、緯合爲一儀。乾隆九年，高宗御製璣衡撫辰儀，並安置臺上。今考各形製用法，悉著於篇。

黃道經緯儀，儀之圈有四，各分四象限，限各九十度。其外大圈恆定而不移者，名天元子午規，外徑六尺，規面厚一寸三分，側面寬二寸五分，規之下半夾入於雲座。仰載之半圈，前後正直子午，上直天頂，中直地平。從地平上下按京師南北兩極出入度分，定赤道兩極。次內爲過極至圈，圈周平分處，各以鋼樞貫於赤道二極。又依黃赤大距度，於過極至圈上定黃道南北極。距黃極九十度安黃道圈，與過極至圈十字相交，各陷其中以相入，令兩圈爲一體，旋轉相從。黃道圈之兩側面，一爲十二宮，一爲二十四節氣。其兩交，一當冬至，一當夏至。次內爲黃道經圈，則以鋼樞貫於黃極焉。圈之徑爲圓軸，圍三寸。軸之中心立圓柱爲緯表，與經圈側面成直角，而黃道圈經圈上各設游表，儀頂更設銅絲爲垂綫。全儀以雙龍擎之，復爲交梁以立龍足。梁之四端，各承以獅，仍置螺柱以取平。垂線有偏側，則轉螺柱，垂綫正，則儀正矣。用法，欲求某星黃道經緯度，須一人於黃道圈上查先所得某星之經緯度分，其上加游表，而過南北軸中柱，表對星定儀；又一人用游表於經圈上過柱，表對所測之星，游移取置，則經圈上游表之指綫定某星緯度。又定儀查黃道圈兩表相距之度分，卽某星之經度差。或測日月，以距星爲比，亦如之。

赤道經緯儀，儀有三圈，外大圈者，天元子午規也。以一龍南向而負之。規之分度定極，皆與黃道儀同。去極九十度安赤道圈，與子午規十字相交，恆定不動。圈內規面及上側面皆鋟二十四時，時各四刻。外規面分三百六十度，內安赤道經圈。以南北極爲樞，而可東西游轉，與赤道圈內規面相切。經圈徑爲圓軸，軸中心立圓柱，以及游表、垂線、交梁、螺柱等法，皆同黃道儀。用法，若測日時刻，則赤道圈上用時刻游表，卽通光耳，對於南北軸表，視赤道圈內游表所指，卽時刻分秒。若諸曜經度，用兩通光耳，卽兩徑表，在赤道圈上一定一游。一人從定耳窺南北軸表，與先得星相參測之；一人以游耳轉移遷就，而窺本軸表與所測參相直，視兩耳間應赤道圈上之度分，卽兩經度之差也。緯度亦以通光耳於經圈上轉移而遷就焉。務欲令目與表與所測相參直，視本耳下經圈在赤道或南或北之度分，卽所測距赤道南北之度分也。

地平經儀，儀只一地平圈，全徑六尺，其平面寬二寸五分，厚一寸二分。分四象限，各九十度。以四龍立於交梁以承之。梁之四端，各施取平之螺柱。梁之交處安立柱，高與地平圈等，適當地平圈之中心。又於地平圈上東西各立一軸，約高四尺，柱各一龍，盤旋而上，從柱端各伸一爪，互捧圓珠。下有立軸，其形扁方，空其中如窗欞，以安直線。軸之上端入於珠，下端入立柱中心，令可旋轉。而軸中之線，恆爲天頂之垂線焉。又爲長方橫表，長如地平圈，全徑厚一寸，寬一寸五分，中心開方孔管於立軸下端，使隨立軸旋轉。復剡其兩端令銳，以指地平圈之度分。又自兩端各出一線，而上會於立軸中直線之頂，成兩三角形。凡有所測，則旋轉游表，使三線與所測參相直，乃視表端所指，卽所測之地平經度也。

地平緯儀，卽象限儀，蓋取全圓四分之一以測高度者也。其弧九十度，其兩邊皆圓半徑，長六尺。兩半徑交處爲儀心。儀架東西立柱，各以二龍拱之。上架橫梁，又立中柱上管於橫梁，令可轉動儀心，上指儀之兩邊，一與中柱平行，一與橫梁平行。又於儀心立短圓柱以爲表，又加窺衡，長與半徑等，上端安於儀心，剡其下端，以指弧面度分，更安表耳。有所測，乃以窺衡上下游移，從表耳縫中窺圓柱，令與所測相參直。其衡端所指度分，卽所測之地平緯度也。

紀限儀，弧面爲全圓六分之一，分六十度。一弧一幹，幹長六尺，卽全圓之半徑。弧之寬二寸五分，幹之左右，細雲糾縵纏連，所以固之。幹之上端有小衡，與幹成十字。儀心與衡兩端皆立圓柱爲表，弧面設游表。承儀之臺，約高四尺，中植立柱，以繫儀之重心，則左右旋轉，高低斜側，無所不可，故又名百游儀焉。用法，測兩曜，不論黃赤經緯，而求大圈相距之度，一人從衡端耳表窺中心柱表，對定此曜；又一人從游耳表向中心柱表窺彼曜相參直，視衡端至游耳表下度分，卽兩曜相距度分也。

天體儀，儀爲圓球，徑六尺，宛然穹象，故以天體名之。中貫鋼軸，露其兩端，以屬於子午規之南北極，令可轉運。座高四尺七寸。座上爲地平圈，寬八寸。當子午處各爲闕，以入子午規。闕之度與子午規之寬厚等，則兩圈十字相交，內規面恰平，而左右上下環抱乎儀。周圍皆空五分，以便高弧游表進退。又安時盤於子午規外，徑二尺，分二十四時。以北極爲心，其指時刻之表，亦定於北極，令能隨天體轉移，又能自轉焉。座下復設機輪，運轉子午規，使北極隨各方出地升降，各方天象隱見之限，皆可究觀矣。

地平經緯合儀，經儀中心立柱安緯儀。用法，旋轉緯儀，對定所測游表，於緯儀上得緯度；視緯儀邊切經儀之處，卽得經度：一測而兩得焉。

璣衡撫辰儀，儀制三重，其在外者，卽古六合儀，而不用地平圈，其正立雙環爲子午圈。兩面皆刻周天三百六十度，自南北極起，初度至中要九十度，是爲天經。斜倚單環爲天常赤道圈，兩面皆刻周日十二時，以子正午正當子午雙環中空之半，而結於其中要，是爲天緯。其南北二極皆設圓軸，軸本實於子午雙環中空之間，而軸内向，以貫内二重之環。其下承以雲座，仰面正中開雙槽以受雙環，東面正中開雲窩以受垂線。下面置十字架，施螺旋以取平。架之東西兩端各植龍柱，龍口銜珠，開孔以承天常赤道卯酉之兩軸，依觀象臺測定南北正線，將座架安定，則平面之四方正。又依京師北極出地度分，上數至成一象限，卽天頂。依南極入地度分，下數成一象限，卽地心。於天頂施小釘懸垂線，而垂適當地心，又適切於雙環之面。線末垂球，又適當雲窩，不卽不離，則上下正立面之四方亦正，而地平已在其中。

次其內即古三辰儀，而不用黃道圈。其貫於二極之雙環，爲赤極經圈。兩極各設軸孔，以受天經之軸，兩面皆刻周天三百六十度。結於赤極圈之中要，與天常赤道平運者，爲游旋赤道圈，兩面皆刻周天三百六十度，與宗動天赤道旋轉相應。自經圈之南極，作兩象限弧以承之，使不傾墊。

次最內即古四游儀，貫於二極之雙環，爲四游圈，兩面皆刻三百六十度。定於游圈之兩極者爲直距，綰於直距之中心者爲窺衡。游圈中要設直表，以指經度及時，窺衡右旁設直表，以指緯度。別設借弧指時度表、立表、平行立表、平行借弧表，以濟所測之窮。又設綰經度表、綰時度表、平行線測經度表，以期兩測之合。

其數，子午圈外徑六尺三寸，內徑五尺六寸六分，環面闊三寸二分，厚九分，中空一寸。天常赤道外徑六尺一寸二分，內徑五尺六寸四分，環面闊二寸四分，厚一寸四分。赤極經圈外徑五尺五寸六分，內徑五尺一寸二分，環面闊二寸八分，厚八分，中空一寸二分。游旋赤道外徑五尺五寸六分，內徑五尺一寸二分，環面闊二寸二分，厚一寸二分。四游圈外徑五尺，內徑四尺六寸八分，環面闊一寸六分，厚七分，中空一寸四分。直距長如圓之通徑，闊一寸六分，厚七分，中空一寸四分。窺衡長四尺七寸二分，方一寸二分，中空一寸。上下兩端施方銅蓋，厚五分，內三分，方一寸，入於管中，外二分，方一寸二分，齊於管面，中心開圓孔。

指時度表，通長七寸三分，本長一寸六分，形如方筒，入於四游雙環中空之間，闊一寸四分，橫帶長三寸二分，闊五分，兩端各鉤回二分，扣於環面之外。表長五寸二分，闊一寸。其指時度之邊線，對方筒之正中，下端二寸四分，厚三分，切於游旋赤道之面，以指度分。上端二寸八分，厚二分，切於天常赤道之面，以指時刻。

指緯度表，其形兩曲，安於窺衡之右面。底長三寸，闊九分，曲橫七分，與四游環之厚等。又曲長一寸七分，切於四游環之外面，從中線減闊之半，所以指緯度也。

借弧指時度表，其本方筒及橫帶長闊並與前指時度表同。橫帶之下，自左向右，立安弧背一道，長九寸三分，闊一寸二分，厚一分六釐。弧背之末，平安指時度表，除弧背之厚，長五寸二分，闊一寸。計自表本方筒之中線至指時度表之內邊，長六寸七分，當游旋赤道之十五度，當天常赤道之一小時。

立表二座，形直底平，表高底長各三寸二分，闊九分，厚一分。一表向上開長方孔，長一寸，中留直線，又上五分開圓孔，徑四分，中留十字線，安於窺衡之上端。一表依前度下開直縫，上開小圓孔，安於窺衡下端，各對衡面中線，以螺旋結之。

平行立表二座，形曲底平，底盤長四寸，闊一寸二分，厚一分，中空三寸二分，闊九分。

表曲如勾股。股直如立表，高三寸二分，闊九分。勾橫連於股末，長五寸，闊九分，橫植於底盤之末。底盤中空，冒於立表底盤之外，以掐表固之。

平行借弧表，制如平行立表，而倒正異。一表上植於衡面，高四寸一分零八毫，一表自衡面下垂，長六寸二分零八毫。距表端下六分開圓孔，又下五分開長方孔，皆與立表制同。

綰經度表，通長四寸，闊一寸四分。其本方筒長一寸六分，高一寸八分，入於四游雙環之間，以左右螺旋固之。其末上下二面，以夾游旋赤道，上面闊七分，減本之半，與窺衡中線相直，下面以螺旋固之。

綰時度表，內外二截，內截上下內三面，綰於游旋赤道之內規。上面之末，承於外截之下，開二方孔，以受外截之方足，下面以螺旋固之。外截上下外三面，綰於天常赤道之外規。上面之末，覆於內截之上，下面以螺旋固之。

平行線測經度表，於直距南北極之兩端，各安銅版，如工字形，正方二寸八分，與直距二面之分等。兩要各缺一長方，長一寸六分，闊七分，扣於直距中空之間。中心開圓孔，貫於天經之軸。四隅距中心一寸九分，各安立柱，圓頂開孔，以穿直線，與直距中徑平行。下安小環，以爲結赤經平行線之用。又按距星宮度，於游旋赤道安赤經平行線表，其制上畫半圓，內容半方，自對角斜線起，初度至橫徑爲四十五度，其中直徑與指度表之邊線相參直。半圓中心安二游表，各長二寸，距中心一寸九分。邊留小臍，中開小圓孔，以線穿之。上端繫於北極銅版對角之兩環，下端貫於南極銅版對角之兩環，各以垂球墜之。

用法，測日時刻，以四游圈東西推轉，窺衡南北低昂，令日光透孔圓正，視四游圈下指時度表臨天常赤道某時刻，卽得。若日景爲赤道所礙，則用窺衡上立表測之，令表兩孔正透，仍於指時度表視時刻。或爲龍柱所礙，則用平行立表測之，亦於指時度視時刻。若指時度表爲子午圈所礙，則易用借弧指時度表，次用平行立表。測定日景，視借弧指時度表所指時刻，加一小時，卽得。測經度，取所知正午前後一恆星，以其赤道經度之對沖，用縮經度表於游旋赤道縮定四游圈。又任設一時，用縮時度表，於其時之對沖，縮天常赤道。乃將四游圈帶定游旋赤道，用窺衡測準距星，隨之左旋。候至所設時刻，視縮時度表對游旋赤道某宮度分，卽日赤道經度。或以本時太陽赤道經度，用縮時度表於游旋赤道縮定，又以所設時刻之對沖，於天常赤道縮定。候至所設時刻，用四游窺測月星，乃視指時度表所指游旋赤道宮度，加半周，卽得所測月星赤道經度。測兩曜相距經度，用平行線測經度表於游旋赤道初宮初度安定，令一人用此平行線表、左兩線、右兩線，並窺定距西之曜，隨之左旋；一人用四游窺衡測距東之曜，視指時度表所指游旋赤道之度分，卽所測兩曜相距赤道經度也。測緯度，凡得經度時，隨察指緯度表所指四游圈之度分，卽得所測赤道緯度。

其有所礙，皆如測時刻法易之。其近北極之星，則以平行借弧表測之。

清史稿卷二十八

志三

天文三

日月五星　恆星　黃赤道十二次值宿　昏旦中星

日月五星　自古言天之精者，知日月五星爲渾象而已。近代西人製大遠鏡，測得諸曜形體及附近小星暈氣各種，古今不同，就其著者錄焉。

日之面有小黑形，常運行二十八日滿一周。月之面以日光正照顯明景，偏照顯黑景。其面有凹凸，故雖全明之中，亦有淡黑雜景。

土星之體，彷彿卵形，舊測謂旁有兩耳，今測近於赤道星面相逼甚窄，於遠赤道所宕甚寬。旁有排定小星五點，最近第一星，約行二日弱；第二星行三日弱；第三星行四日半强；

第四星略大，行十六日；第五星行八十日。俱旋行土星一周。

木星之面，常有平行暗景，外有小星四點。第一星行一日七十三刻；第二星行三日五十三刻；第三星略大，行七日十六刻；第四星行十六日七十二刻。俱旋行木星一周。

火星之面，內有無定黑景。

金、水星俱借日爲光，合朔弦望如月。

恆星　曆象考成云：「恆星之名，見於春秋，而四仲中星及斗、牽牛、織女、參、昴、箕、畢、大火、農祥、龍尾、鳥帑、元駟、元黿之屬，散見於尚書、易、詩、左傳、國語。至周禮春官馮相氏掌二十八星之位，而禮記月令、大戴禮夏小正稍具諸星見伏之節。蓋古者敬天勤民，因時出政，皆以星爲紀。秦炬之後，羲和舊術，無復可稽，其傳者惟史記天官書，而所載簡略。後漢張衡云：『中外之官，常明者百有二十四，可名者三百二十，爲星二千五百』，而其書不傳。至三國時，太史令陳卓始列巫咸、甘、石三家所著星圖，總二百八十三官，一千四百六十四星。隋丹元子作步天歌，敍三垣二十八宿，共一千四百六十七星，爲觀象之津梁，然尚未有各星經緯度數。自唐、宋而後，諸家以儀象考測，始有各星入宿去極度分，視古加密。

「新法算書恆星圖表，共星一千二百六十六，分爲六等：第一等星一十七，第二等星五十七，第三等星一百八十五，第四等星三百八十九，第五等星三百二十三，第六等星二百九十五，外無名不入等者四百五十九。康熙壬子年欽天監新修儀象志，恆星亦分六等，而其數微異。第一等星一十六，第二等星六十八，第三等星二百零八，第四等星五百一十二，第五等星三百四十二，第六等星七百三十二，共計一千八百七十八。蓋觀星者以目之所能辨，因其相近，聯綴成象而命之名。其微茫昏暗者，多不可考。故各家星官之數，多少不能畫一。然列宿及諸大星，則古今中西如一轍也。」

又云：「恆星行卽古歲差也，古法俱謂恆星不動，而黃道西移；今謂黃道不動，而恆星東行。蓋使恆星不動而黃道西移，則恆星之黃道經緯度宜每歲不同，而赤道經緯度宜終古不變。今測恆星之黃道經度，每歲東行，而緯度不變。至於赤道經度，則逐歲不同，而緯度尤甚。自星紀至鶉首六宮之星，在赤道南者，緯度古多而今漸少，在赤道北者反是。自鶉首至星紀六宮之星，在赤道南者，緯度古少而今漸多，在赤道北者反是。凡距赤道二十三度半以內之星，在赤道北者，可以過赤道南，在赤道南者，亦可以過赤道北，則恆星循黃道東行，而非黃道之西移明矣。新法算書載西人第谷以前，或云恆星百年而東行一度，或云七十餘年而東行一度，或云六十餘年而東行一度，隨時修改，訖無定數，與古人屢改歲差相同。迨至第谷，方定恆星每歲東行五十一秒，約七十年有餘而行一度，而元郭守敬所定歲差之數亦爲近之。至今一百四十餘年，驗之於天，雖無差忒，但星行微渺，必歷多年，其差乃見。然則第谷所定之數，亦未可泥爲定率，惟隨時測驗，依天行以推其數可也。」

儀象考成云：「康熙十三年，監臣南懷仁修儀象志，星名與古同者，總二百五十九座，一千一百二十九星，比步天歌少二十四座，三百三十五星。又於有名常數之外，增五百九十七星。又多近南極星二十三座，一百五十星。近年以來，累加測驗，星官度數，儀象志尚多未合。又星之次第多不序順，亦宜釐正。於是逐星測量，推其度數，觀其形象，序其次第，著之於圖。計三垣二十八宿，星名與古同者，總二百七十七座，一千三百一十九星，比儀象志多十八座，一百九十星，與步天歌爲近。其尤與古合者，二十八宿次舍，自古皆觜宿在前，參宿在後，其以何星作距，古無明文。唐書云：『古以參右肩爲距』，失之太遠。文獻通考載宋兩朝天文志云：『觜三星，距西南星；參十星，距中星西一星。』西法，觜宿距中上星，參宿亦距中西一星。今按觜宿中上星在西南星前僅六分餘，而西南星小，中上星大，則以中上星作距可也。若參宿以中西一星作距星，則觜宿之黃道度已在參宿後一度餘，卽赤道度亦在參宿後三十一分餘。今依次順序，以參宿中三星之東一星作距星，則觜宿黃道度恆在參前一度弱，與觜前參後之序合。其餘諸座之星，皆以次順序，無淩躐顚倒之弊。又於有名常數之外，增一千六百一十四星。近某座者卽名某座增星，依次分註方位，以備稽考。其近南極星二十三座，一百五十星，中國所不見，仍依西測之舊。共計恆星三百座，三千八十三星。」

黃赤道十二次值宿　古者分十二次卽節氣，故冬至爲丑中，春分爲戌中，夏至爲未中，秋分爲辰中。後人則以中氣，而冬至在星紀之初。古不知列宿循黃道東行，且不見有歲差，卽以所在星象名其次，故奎、婁爲降婁，房、心、尾爲大火，後人悉仍其名，而星象之更則不論。積數千年，將所謂蒼龍、玄武、白虎、朱雀之四象且易其方，然則十二次之名，存古意爾。今以康熙甲子年推定十二次初度所值宿，及乾隆甲子年改定十二次初度所值宿，並紀於左。

康熙甲子年黃道十二次初度值宿：

星紀　箕三度一十分；

元枵　牽牛初度二十三分；

娵訾　危一度；

降婁　營室一十度五十七分；

大梁　婁初度二十七分；
實沈　昴五度一十二分；
鶉首　觜觿一十度三十八分；
鶉火　東井二十九度零五分；
鶉尾　七星七度零四分；
壽星　翼一十度三十七分；
大火　角一十度三十四分；
析木　房一度三十九分。
康熙甲子年赤道十二次初度值宿：
星紀　箕三度三十九分；
元枵　南斗二十三度二十七分；
娵訾　危二度三十四分；
降婁　東壁初度四十二分；
大梁　婁五度四十二分；
實沈　昴八度四十分；

鶉首　觜觿一十度二十九分；
鶉火　東井二十九度；
鶉尾　張五度五十七分；
壽星　軫初度零二分；
大火　亢一度；
析木　房五度零三分。
乾隆甲子年黃道十二次初度值宿：
星紀　箕二度一十九分一十三秒；
元枵　南斗二十三度二十四分一十八秒；
娵訾　危初度一十二分四十四秒；
降婁　營室一十度五分四十七秒；
大梁　奎一十一度八分五十二秒；
實沈　昴四度九分三十九秒；
鶉首　參八度五十五分一十五秒；
鶉火　東井二十八度一十六分五十秒；

鶉尾　七星六度一十七分一秒；
壽星　翼九度四十八分一十七秒；
大火　角九度四十三分三十九秒；
析木　房初度三十七分三十五秒。
乾隆甲子年赤道十二次初度值宿：
星紀　箕二度四十分一十四秒；
元枵　南斗二十二度三十五分四十七秒；
娵訾　危一度五十分二十七秒；
降婁　營室一十七度零三十八秒；
大梁　婁四度五十二分三十三秒；
實沈　昴七度三十四分三秒；
鶉首　參八度一分五十五秒；
鶉火　井二十八度八分一十五秒；
鶉尾　張五度一十二分一秒；
壽星　翼一十八度八分三十一秒；

大火　亢初度一十分三十秒；

析木　房四度八分一十七秒。

昏旦中星　自虞書紀四仲昏中之星，而月令並舉逐月昏旦。然虞書仲冬星昴，月令則昏中東壁，相去約二千年，中星相差四宿。雖由歲差之故，而古法疏略無度分，固難深論也。今以康熙壬子年所定恆星經緯度，推得雍正元年癸卯各節氣昏旦中星列於志。若求乾隆九年甲子以後各節氣昏旦中星，則當按乾隆甲子年改定恆星經緯度備推焉。

春分係交節初日，後同。昏北河二中偏西四度三十四分。旦尾中偏東一度七分。

因無當中之星，故用近中之星而紀其偏度。又星宿並用第一星，間有第一星距中太遠而用餘星者，則紀其數，如北河二及參四氐四之類。

清明　昏七中星偏東五度十四分。旦帝座中偏東一度五十九分。

穀雨　昏軒轅十四中偏西四度五十九分。旦箕中偏東四度十三分。

立夏　昏五帝座中偏西三十二分。旦箕中偏西四度九分。

小滿　昏角中偏東二度二十三分。旦南斗中偏西三度八分。

芒種　昏氐中偏東三度二十九分。旦河鼓二中偏東二度二十一分。

夏至　昏房中偏東二度八分。旦須女中偏東一度四十三分。
小暑　昏尾中偏西四十分。旦尾中偏東三度二十五分。
大暑　昏帝座中偏西三度二十五分。旦營室中偏西一度五十六分。
立秋　昏箕中偏西二度三十七分。旦土司空中偏東一度四十分。
處暑　昏南斗中偏西二十六分。旦婁中偏西一度四十六分。
白露　昏南斗中偏西八度三十二分。旦天囷中偏西四度四十一分。
秋分　昏河鼓二中偏東三十四分。旦畢中偏西三度七分。
寒露　昏牽牛中偏西五十三分。旦參四中偏西十三分。
霜降　昏須女中偏西三度四十一分。旦天狼中偏西五度三十七分。
立冬　昏虛中偏西三度二十分。旦輿鬼中偏東一度二十七分。
小雪　昏北落師門中偏東五度四十一分。旦七星中偏西二度十六分。
大雪　昏營室中偏西五度五十七分。旦翼中偏東二度五十五分。
冬至　昏東壁中偏西四度二十六分。旦五帝座中偏西二度一分。
小寒　昏婁中偏東三度三十三分。旦角中偏東六度二十四分。
大寒　昏胃中偏西二度二十分。旦亢中偏東四度十八分。

立春　昏昴中偏西五度三十四分。旦氐中偏東一度二十八分。

雨水　昏參七中偏西四十五分。旦氐四中偏西二度三十二分。

驚蟄　昏東井中偏西三度六分。旦房中偏西二度四分。

清史稿卷二十九

志四

天文四

康熙壬子年恆星黃道經緯度表一

揆日所以正時，候星所以紀日。日行黃道，故推測恆星，必求黃道經緯度分。且恆星循黃道東行，上考下求，每年祇加減經度五十一秒。今依康熙壬子舊測恆星黃道經緯度分，及南北之向，大小之等，爲二卷。先列降婁戌宮至鶉尾巳宮，凡一百八十度之名星及附近星，如左：

黃道	經度			緯度			
星名	宮	十度	十分	向	十度	十分	等
天鉤二	戌	〇〇	二一	北	七一	四九	四

黃道	經度			緯度			
星名	宮	十度	十分	向	十度	十分	等
天鉤一	戌	〇〇	五四	北	七四	〇〇	四

星名	黃道經度 宮	十度	十分	黃道緯度 向	十度	十分	等
天溷四	戌	○○	五七	南	一四	○○	五
天園四	戌	○二	○○	南	五七	五○	三
天溷二	戌	○二	三七	南	一三	四○	五
土公二	戌	○三	二九	北	○五	二八	六
天溷一	戌	○三	三七	南	一一	四○	五
造父六	戌	○五	四七	北	六四	○○	五
天鈎三	戌	○八	一三	北	六八	五四	三
造父四	戌	○九	二九	北	六一	○三	四

星名	黃道經度 宮	十度	十分	黃道緯度 向	十度	十分	等
天溷三	戌	○一	一七	南	一三	○○	五
天廚南六	戌	○二	○四	北	七七	三二	五
車府一	戌	○二	四五	北	四八	二○	四
螣蛇南十一	戌	○三	三七	北	四四	○○	三
壁宿一	戌	○四	三八	北	一二	三五	二
天倉二	戌	○七	一二	南	一六	五五	三
造父三	戌	○八	五三	北	五九	五九	四
外屏一	戌	○九	三六	北	○二	一一	四

天園五	戌	〇九	四〇	南	五四	二五	三
螣蛇七	戌	一〇	二七	北	四〇	五七	四
天倉三	戌	一一	四三	南	一五	四七	三
螣蛇八	戌	一二	四六	北	四一	四四	四
天倉五	戌	一三	二五	南	二五	〇一	四
天廚一	戌	一三	二七	北	八二	四九	三
造父一	戌	一四	三九	北	五八	四六	四
天倉六	戌	一四	五〇	南	三一	〇四	四
螣蛇九	戌	一五	二三	北	四二	〇八	五
天倉內七	戌	一六	〇五	南	二一	五五	五
壁宿二	戌	〇九	四七	北	二五	四二	二
造父二	戌	一〇	五七	北	六一	三〇	五
造父五	戌	一二	三〇	北	六五	一〇	五
外屏二	戌	一二	五八	北	〇一	〇六	四
外屏南八	戌	一三	二五	南	〇一	三一	六
螣蛇十	戌	一三	四七	北	四三	五〇	四
外屏南九	戌	一四	四六	南	〇四	二〇	六
外屏三	戌	一五	一九	北	〇〇	五八	四
天厩三	戌	一五	五八	北	三一	三三	五
奎宿二	戌	一六	〇九	北	一七	四八	四

黃道經度			黃道緯度			度
星名	宮	十度	十分	向	十度	十分	等
天廚五	戌	一六	二一	北	七八	一〇	四
天園六	戌	一六	二五	南	五四	四〇	三
天廐二	戌	一七	〇七	北	三二	一五	五
天倉四	戌	一七	二五	南	二〇	一九	三
奎宿三	戌	一八	〇四	北	二〇	二四	六
外屏四	戌	一八	三三	南	〇三	〇三	五
奎宿十六	戌	一九	〇七	北	一三	二一	五
奎宿南二十一	戌	一九	〇九	北	一一	二一	六

黃道 星名	經度 宮	十度	十分	緯度 向	十度	十分	度 等
奎宿四	戌	一六	二五	北	二三	〇四	四
天廐一	戌	一六	四六	北	三三	二一	四
奎宿五	戌	一七	二〇	北	二四	二〇	三
奎宿一	戌	一七	五四	北	一五	五八	五
奎宿六	戌	一八	〇七	北	二七	〇七	五
奎宿十五	戌	一九	〇三	北	一二	二三	六
奎宿內十九	戌	一九	〇七	北	一九	二四	六
天鈎四	戌	一九	四六	北	六五	四二	五

奎宿南二十	戌	二〇	〇〇	北	一二	二八	五	奎宿內十八	戌	二〇	二三	北	二〇	五五	六
外屏五	戌	二〇	五六	南	〇四	四一	五	奎宿十四	戌	二一	五九	北	一五	三〇	五
右更三	戌	二二	〇六	北	〇一	五二	五	右更二	戌	二二	一六	北	〇五	二一	四
右更一	戌	二二	三七	北	〇九	二四	五	奎宿內十七	戌	二二	四一	北	二三	〇三	六
外屏六	戌	二二	五八	南	〇七	五六	五	右更四	戌	二三	一二	北	〇一	三九	五
奎宿十一	戌	二三	五〇	北	二〇	四三	五	右更五	戌	二四	一〇	南	〇三	〇〇	五
奎宿十	戌	二四	一五	北	二二	〇〇	六	奎宿十三	戌	二四	一八	北	一七	二六	五
奎宿七	戌	二四	三六	北	三二	三一	四	外屏七	戌	二四	四八	南	〇九	〇五	三
奎宿八	戌	二五	〇七	北	三〇	三四	四	天苑西十七	戌	二五	〇九	南	二五	一七	四
奎宿十二	戌	二五	一一	北	一八	三一	六	天苑西十八	戌	二五	三二	南	二八	三一	四

黃道經度 星名	宮	十度	十分	黃道緯度 向	十度	十分	等
螣蛇六	戌	二五	三九	北	四九	二五	六
螣蛇四	戌	二六	三二	北	五二	三九	六
閣道十一	戌	二六	五五	北	三八	○九	六
天囷十	戌	二七	二○	南	一四	四○	四
閣道六	戌	二七	五六	北	三九	一六	六
婁宿二	戌	二八	三七	北	○七	○九	四
天苑西十九	戌	二八	四八	南	二五	五八	三
婁宿南七	戌	二八	五七	北	○五	二四	五
奎宿九	戌	二五	四九	北	二五	五九	二
螣蛇五	戌	二六	三四	北	五一	○八	六
天苑八	戌	二七	○七	南	三二	四七	四
天廚二	戌	二七	四四	北	八○	五四	四
天苑九	戌	二七	五七	南	三四	五○	四
天廚三	戌	二八	四七	北	七九	二五	三
天鈎五	戌	二八	五四	北	六二	三五	四
閣道西十	戌	二八	五七	北	四一	二六	六

天苑七	戌	二九	一二	南	二八	一七	四	婁宿一	戌	二九	二三	北	○八	二九	四
天囷五	戌	二九	三○	南	○四	一九	四	王良五	酉	○○	一○	北	四五	三八	五
王良一	酉	○○	二六	北	五一	一五	三	閣道五	酉	○○	三二	北	四一	一五	六
附路	酉	○○	三五	北	四四	四一	四	天苑十	酉	○○	四七	南	三八	三○	四
天廚南七	酉	○一	一三	北	七一	○七	三	軍南門	酉	○一	五六	北	三六	二○	五
天大將軍西十二	酉	○二	一九	北	一六	五○	四	天苑二十一	酉	○二	二七	南	二三	一五	四
婁宿南四	酉	○二	四一	北	○九	一三	六	天囷六	酉	○二	五四	南	○五	三二	四
天囷九	酉	○三	○二	南	一四	三二	三	婁宿三	酉	○三	○六	北	○九	五七	三
王良四	酉	○三	一八	北	四六	三六	三	婁宿五	酉	○三	三四	北	○七	二三	六
天園七	酉	○三	四七	南	五二	○○	四	天囷七	酉	○三	五○	南	○五	一三	四

星名	黃道經度 宮	十度	十分	黃道緯度 向	十度	十分	等
天苑六	酉	〇四	一〇	南	二四	三四	三
天大將軍六	酉	〇四	二三	北	二七	五五	五
天囷八	酉	〇四	五四	南	一二	〇三	三
天大將軍七	酉	〇五	四〇	北	二三	三五	五
天鈎六	酉	〇六	〇〇	北	六一	四五	五
天大將軍四	酉	〇六	〇七	北	三二	三〇	五
天苑北二十	酉	〇六	三六	南	二三	五八	四
金魚一	酉	〇七	〇〇	南	七六	〇〇	四
婁宿六	酉	〇四	二〇	北	〇五	四三	六
天大將軍西十一	酉	〇四	三七	北	三四	三〇	五
王良三	酉	〇五	三八	北	四七	〇五	四
天苑十一	酉	〇五	四七	南	三八	一〇	四
天大將軍五	酉	〇六	〇六	北	二八	五九	五
閣道中七	酉	〇六	一六	北	四三	二八	五
天園八	酉	〇六	四七	南	五三	三〇	四
天囷四	酉	〇七	〇七	南	〇五	三六	四

閣道四	酉	〇七	一五	北	四三	〇七	四	天大將軍八	酉	〇七	五〇	北	二〇	三三	四
天大將軍三	酉	〇七	五二	北	三五	二二	四	策西一	酉	〇七	五二	北	四七	三二	六
客星	酉	〇七	五四	北	五三	四五	六	王良二	酉	〇八	〇六	北	五二	一四	四
左更三	酉	〇八	五二	南	〇〇	三九	六	天大將軍十	酉	〇八	五八	北	一八	五七	四
天大將軍九	酉	〇八	五九	北	一九	二九	五	天苑五	酉	〇九	一六	南	二五	五九	三
天苑十二	酉	〇九	二七	南	三八	〇〇	四	策	酉	〇九	二八	北	四八	四六	三
左更五	酉	〇九	三六	北	〇六	〇七	六	天大將軍一	酉	〇九	三九	北	二七	四七	二
左更四	酉	〇九	四六	北	〇四	〇一	六	天囷一	酉	〇九	四七	南	一二	三七	二
天園九	酉	〇九	四七	南	五三	〇〇	四	天大將軍二	酉	一〇	〇七	北	三六	五〇	五
左更二	酉	一〇	二三	南	〇一	三〇	六	天囷三	酉	一〇	三一	南	〇七	五〇	四

星名	黃道經度 宮	黃道經度 十度	黃道經度 十分	黃道緯度 向	黃道緯度 十度	黃道緯度 十分	等
左更一	酉	一〇	三五	北	〇一	〇七	六
胃宿西四	酉	一一	三五	北	一〇	五一	五
胃宿一	酉	一二	二三	北	一一	一六	四
閣道三	酉	一三	二一	北	四六	二二	三
胃宿二	酉	一三	四〇	北	一〇	二四	三
天苑四	酉	一三	四五	南	二七	四七	三
左更東六	酉	一三	五七	北	〇四	〇九	五
天苑十五	酉	一四	〇七	南	四三	二〇	四

星名	黃道經度 宮	黃道經度 十度	黃道經度 十分	黃道緯度 向	黃道緯度 十度	黃道緯度 十分	等
閣道八	酉	一一	〇〇	北	四五	〇五	六
左更七	酉	一二	二二	北	〇一	一二	六
天苑十三	酉	一三	一七	南	四一	三〇	四
天苑十四	酉	一三	二七	南	四二	三〇	四
天囷二	酉	一三	四五	南	一四	三〇	五
胃宿三	酉	一三	五一	北	一二	二六	四
閣道九	酉	一三	五八	北	四四	五八	六
天苑三	酉	一六	〇七	南	二八	四七	三

天陰一	酉	一六	一五	北	○一	四七	四	少弼外九	酉	一六	一八	北	八三	○五	四
天苑二	酉	一六	二三	南	三一	○九	四	天廩四	酉	一六	三六	南	○九	二三	四
天苑十六	酉	一六	三七	南	四三	二○	四	大陵八	酉	一七	一六	北	二○	五三	四
天廩三	酉	一七	一八	南	○八	五○	四	天陰二	酉	一七	二四	北	○二	五○	五
九州西八	酉	一七	二五	南	一八	二六	四	天園十	酉	一七	四七	南	五三	一○	四
天廩二	酉	一八	三○	南	○七	二九	六	天廩東五	酉	一八	三三	南	○九	三五	六
天陰三	酉	一八	五一	北	○二	三六	六	天廩一	酉	一九	○○	南	○五	五七	五
天苑一	酉	一九	一八	南	三三	一四	三	積尸十	酉	一九	二○	北	二一	三五	四
大陵一	酉	一九	三一	北	三九	○一	六	大陵西九	酉	二○	○五	北	三一	三五	四
天園十一	酉	二○	○七	南	五三	五○	四	閣道二	酉	二○	一四	北	四七	二九	三

星名	黃道經度 宮	十度	十分	黃道緯度 向	十度	十分	等
大陵七	酉	二〇	一八	北	二〇	三三	四
少弼十	酉	二〇	四一	北	八〇	三八	四
九州九	酉	二一	〇七	南	二二	四五	四
大陵五	酉	二一	三七	北	二二	二二	三
大陵二	酉	二二	五〇	北	三四	二七	五
傳舍二	酉	二三	二一	北	五六	一三	六
大陵四	酉	二四	〇六	北	二六	〇四	四
大陵三	酉	二四	三三	北	三三	三六	四

星名	黃道經度 宮	十度	十分	黃道緯度 向	十度	十分	等
傳舍四	酉	二〇	二八	北	五二	四八	六
天廩七	酉	二〇	五七	南	一三	三〇	六
大陵六	酉	二一	三一	北	二〇	五四	五
天廩六	酉	二二	四六	南	〇八	四一	五
傳舍一	酉	二二	五八	北	五二	〇九	六
金魚二	酉	二三	四〇	南	八四	三五	四
天船一	酉	二四	一〇	北	三七	二九	四
昴宿一	酉	二四	三八	北	〇四	一〇	五

九州一	酉	二四	四〇	南	三〇	二五	五
九州二	酉	二四	五三	南	二七	三二	四
昴宿四	酉	二四	五五	北	〇四	二四	六
天廩八	酉	二五	一九	南	〇四	三一	四
少衛	酉	二五	二三	北	六四	二八	三
昴宿六	酉	二五	三八	北	〇三	四五	六
九州七	酉	二五	五八	南	二八	〇九	四
天園十三	酉	二六	〇七	南	五〇	二〇	四
九州三	酉	二六	三七	南	二六	〇〇	四
天船三	酉	二七	一七	北	三〇	〇五	二
昴宿二	酉	二四	四八	北	〇四	三二	六
昴宿三	酉	二四	五四	北	〇三	五四	六
昴宿五	酉	二五	一五	北	〇四	〇〇	三
天節九	酉	二五	一九	南	一四	三一	四
天船二	酉	二五	二七	北	三四	三〇	三
昴宿七	酉	二五	四二	北	〇三	五四	六
畢宿六	酉	二六	〇一	南	〇八	〇三	四
卷舌四	酉	二六	三三	北	一二	〇八	四
天園十二	酉	二六	五七	南	五一	四五	四
九州內六	酉	二七	三七	南	二七	〇〇	四

黃道星名	黃道經度宮	十度	十分	緯度向	十度	十分	等
閣道一	酉	二七	三九	北	四八	五四	四
天讒六	酉	二八	○○	北	一二	四○	六
上衞	酉	二八	三三	北	七五	二七	四
九州四	酉	二八	四六	南	二五	○三	五
天節西八	酉	二八	五九	南	一二	一四	四
天船四	酉	二九	一四	北	二七	五五	五
天節三	申	○○	二三	南	○六	三三	五
礪石一	申	○○	四六	北	○七	五五	五

黃道星名	黃道經度宮	十度	十分	緯度向	十度	十分	等
傳舍三	酉	二七	四五	北	四二	二六	五
天船西十	酉	二八	○五	北	二七	五九	五
卷舌五	酉	二八	三六	北	一一	一八	三
月	酉	二八	五一	北	○一	一二	五
卷舌一	酉	二九	一一	北	二二	○六	四
天船五	申	○○	一五	北	二七	一四	三
卷舌三	申	○○	二四	北	一四	五四	五
礪石二	申	○一	○四	北	五	六一	六

卷舌二	申	〇一	〇八	北	一九	〇四	三	天節七	申	〇一	一〇	南	一二	〇一	六
畢宿二	申	〇一	一三	南	〇五	四七	三	天街二	申	〇一	二九	南	〇〇	四七	六
金魚三	申	〇二	〇〇	南	八八	一五	五	九州五	申	〇二	一五	南	二五	一二	四
畢宿三	申	〇二	一七	南	〇四	〇二	三	卷舌東七	申	〇二	三七	北	一八	〇〇	六
天節一	申	〇二	四二	南	〇六	五七	五	天節四	申	〇二	五九	南	〇八	四一	五
上丞七	申	〇三	一八	北	四五	一〇	六	畢宿四	申	〇三	二二	南	〇五	五三	四
礪石內四	申	〇三	二六	北	〇五	四六	五	積水九	申	〇三	三二	北	二九	三一	五
礪石三	申	〇三	三四	北	〇三	五七	五	天街一	申	〇三	三八	北	〇〇	三五	四
畢宿一	申	〇三	五三	南	〇二	三七	三	天街北三	申	〇三	五四	北	〇一	〇四	五
天節六	申	〇四	一一	南	一一	四八	五	天節二	申	〇四	二八	南	〇七	〇五	五

星名	黃道經度 宮	十度	十分	黃道緯度 向	十度	十分	等
九斿一	申	〇四	四六	南	二五	三四	四
天節五	申	〇五	〇九	南	〇九	三二	五
畢宿五	申	〇五	一三	南	〇五	三一	一
附耳	申	〇五	五五	南	〇六	一八	五
天船七	申	〇六	一四	北	二六	三九	四
柱史	申	〇六	三一	北	八四	四八	四
天船南十一	申	〇七	〇〇	北	二四	三五	六
少丞八	申	〇七	一五	北	五三	三七	六
天船六	申	〇四	五五	北	二六	一一	五
天船內十二	申	〇五	一二	北	二八	五〇	四
華蓋二	申	〇五	四一	北	四九	二七	六
華蓋一	申	〇六	〇二	北	四八	〇七	六
九斿二	申	〇六	三〇	南	二七	五二	五
少弼	申	〇六	三七	北	八三	三〇	四
天船八	申	〇七	一四	北	二八	二三	五
參旗六	申	〇七	二三	南	一五	二七	四

屏二	申	○七	二六	南	四五	○○	四	參旗七	申	○七	三二	南	一六	五○	四
諸王四	申	○七	三五	北	○○	四○	五	參旗五	申	○七	四九	南	一三	○四	四
參旗八	申	○七	五八	南	二○	○二	四	勾陳上七	申	○八	二二	北	六七	四三	六
玉井二	申	○八	三九	南	二九	五二	五	參旗一	申	○八	五三	南	○八	一七	四
參旗九	申	○八	五七	南	二○	五六	四	參旗四	申	○九	○一	南	一二	二六	四
卷舌八	申	○九	○一	北	一八	五六	五	參旗三	申	○九	一○	南	一一	○六	六
天高二	申	○九	一二	南	○三	四○	六	參旗二	申	○九	四八	南	○九	○七	四
玉井一	申	一○	四○	南	三一	三六	四	玉井三	申	一○	四二	南	二七	五五	三
屏一	申	一○	四九	南	三九	○四	五	勾陳六	申	一○	五七	北	六七	二二	六
五車十六	申	一一	○四	北	一四	五一	五	軍井一	申	一一	一五	南	三四	三四	五

黃道星名	經度宮	經度十度	經度十分	緯度向	緯度十度	緯度十分	等
軍井二	申	一一	二一	南	三五	五四	五
天高五	申	一一	五七	南	〇二	〇〇	六
天高一	申	一二	〇四	南	〇一	五〇	四
參宿七	申	一二	一七	南	三一	一二	一
參宿十五	申	一二	五八	南	二〇	〇八	四
天高內四	申	一三	一四	南	〇二	三一	六
玉井四	申	一三	一六	南	二九	五三	四
西柱七	申	一四	〇六	北	一八	〇九	四
五車十七	申	一一	三一	北	一四	〇二	五
參旗十二	申	一二	〇〇	南	一四	二四	六
五車一	申	一二	〇五	北	一〇	二三	四
參旗十一	申	一二	三三	南	一三	〇八	六
五車西十五	申	一三	〇〇	北	一五	〇三	五
軍井四	申	一三	一四	南	三六	一四	五
軍井三	申	一三	二七	南	三五	一八	六
丈人二	申	一四	〇七	南	五九	三〇	四

西柱六	申	一四	〇九	北	二〇	五二	四	參旗東十	申	一四	三六	南	一一	四五	六
西柱八	申	一四	五〇	北	一八	一二	四	參宿十七	申	一四	五九	南	二三	三二	五
伐南六	申	一五	〇二	南	三一	〇〇	五	廁二	申	一五	〇七	南	四三	五八	三
參宿十四	申	一五	三四	南	一九	四〇	六	參宿十九	申	一五	三八	南	二五	三七	三
參宿十八	申	一五	四五	南	二四	〇六	六	參宿十六	申	一五	五七	南	二一	二三	五
天潢三	申	一五	五八	北	一五	二一	五	天高三	申	一六	〇三	南	〇一	〇四	六
天皇大帝	申	一六	〇七	北	六八	〇四	六	參宿五	申	一六	二三	南	一六	五三	二
參宿西十三	申	一六	三四	南	二〇	〇九	五	廁一	申	一六	五〇	南	四一	〇六	三
天潢二	申	一七	〇六	北	一六	五九	五	五車二	申	一七	一六	北	二二	五二	一
伐南五	申	一七	二〇	南	三〇	三八	四	五車內十三	申	一七	三九	北	一二	一五	六

星名	黃道經度 宮	度	分	黃道緯度 向	度	分	等
參宿十二	申	一七	四六	南	一九	五三	六
參宿一	申	一七	五一	南	二三	三八	二
諸王七	申	一七	五六	南	○一	二○	六
五車五	申	一八	○○	北	○五	二○	二
八穀五	申	一八	一七	北	三五	五○	六
伐一	申	一八	二八	南	二八	一○	五
八穀三	申	一八	二八	北	三七	二○	六
八穀四	申	一八	四五	北	四○	一三	六

星名	黃道經度 宮	度	分	黃道緯度 向	度	分	等
觜宿南四	申	一七	四七	南	一七	二二	五
天潢一	申	一七	五二	北	一八	三四	六
丈人一	申	一七	五七	南	五七	四○	二
天潢四	申	一八	○九	北	一四	○四	六
伐二	申	一八	二五	南	二八	四五	三
伐三	申	一八	二八	南	二九	一七	三
參宿十一	申	一八	四○	南	一九	三七	六
參宿二	申	一八	五四	南	一四	三四	二

諸王三	申	一八	五七	北	○二	四○	五	屎	申	一八	五七	南	五五	三○	四
少衛六	申	一九	○三	北	四二	五六	六	觜宿二	申	一九	○七	南	一三	五四	五
觜宿一	申	一九	一二	南	一三	二六	四	伐四	申	一九	二三	南	三○	三八	五
觜宿三	申	一九	三三	南	一四	○五	五	南柱十二	申	一九	三四	北	○八	五一	五
參宿內八	申	一九	三九	南	二六	○一	四	參宿十	申	一九	五七	南	一九	一八	五
參宿三	申	二○	○七	南	二五	二三	二	天關	申	二○	一二	南	○二	一四	三
廁三	申	二○	二二	南	四五	五○	三	參宿九	申	二○	四五	南	二一	五八	五
諸王二	申	二○	五二	北	○二	二八	四	諸王六	申	二○	五七	北	○一	○○	五
天關南一	申	二○	五七	南	○六	二○	五	天關二	申	二○	五七	南	○七	四○	五
子二	申	二○	五七	南	五九	四○	二	廁北五	申	二一	二七	南	三八	一六	四

星名	黃道經度 宮	十度	十分	黃道緯度 向	十度	十分	等
參宿六	申	二一	五〇	南	三三	〇八	三
廁四	申	二二	三六	南	四四	一八	三
勾陳九	申	二二	五五	北	七〇	四二	六
東柱十	申	二三	一四	北	一五	四三	五
東柱十一	申	二三	三五	北	一三	四九	六
勾陳大星	申	二四	〇三	北	六六	〇二	二
參宿四	申	二四	一二	南	一六	〇六	一
廁六	申	二四	二八	南	三七	四一	四

星名	黃道經度 宮	十度	十分	黃道緯度 向	十度	十分	等
子一	申	二二	一七	南	五七	四〇	四
諸王南五	申	二二	五五	北	〇一	〇六	四
東柱九	申	二三	一二	北	一五	四二	五
參宿二十	申	二三	二五	南	二一	三九	五
諸王一	申	二三	五八	北	〇四	〇六	四
司怪四	申	二四	〇九	南	〇三	一三	五
子東三	申	二四	一七	南	五九	三〇	四
八穀二	申	二四	三八	北	三二	一五	六

司怪一	申	二四	五八	北	○二	二六	四	參宿二十一	申	二五	一○	南	二二	五七	五
八穀一	申	二五	一四	北	三○	五○	四	五車北十四	申	二五	二五	北	二七	二七	五
勾陳八	申	二五	三一	北	六九	○三	六	孫南三	申	二五	五七	南	六五	五○	四
五車四	申	二五	五九	北	一三	四四	四	觜宿東五	申	二六	○五	南	一四	五一	四
司怪二	申	二六	二二	南	○○	一三	四	司怪三	申	二六	二二	南	○三	一二	五
勾陳二	申	二六	三六	北	六九	五一	四	五車三	申	二六	五二	北	二一	二八	二
水府二	申	二七	二一	南	○八	四四	四	廁七	申	二七	二二	南	三八	二六	四
四輔一	申	二七	三○	北	六三	五五	六	水府三	申	二八	二二	南	○七	二一	六
水府一	申	二八	二四	南	○九	一五	四	五車東十八	申	二八	二七	北	○五	五○	四
鉞	申	二八	五三	南	○○	五八	四	水府四	申	二九	○九	南	○七	一九	六

星名	黃道經度 宮	十度	十分	黃道緯度 向	十度	十分	等
水府南五	申	二九	三一	南	一一	三〇	六
井宿一	未	〇〇	四五	南	〇〇	五三	三
孫二	未	〇一	五七	南	六一	三〇	四
四瀆四	未	〇二	〇八	南	一八	四七	四
軍市一	未	〇二	四三	南	四一	一九	二
參宿東二十五	未	〇三	二二	南	二八	〇四	五
四瀆三	未	〇三	五八	南	一五	一六	四
勾陳三	未	〇四	二四	北	七三	五〇	四
參宿二十二	申	二九	四四	南	二九	三一	四
上衞	未	〇一	三〇	北	四五	三〇	六
軍市南九	未	〇二	〇七	南	五一	四七	三
井宿二	未	〇二	一四	南	〇三	〇八	四
孫一	未	〇三	一七	南	五八	四五	四
參宿東二十四	未	〇三	四三	南	二九	四九	四
四瀆南五	未	〇三	五八	南	一八	二四	五
井宿三	未	〇四	三一	南	〇六	四九	二

天樞南八	未	〇四	三八	北	五七	五五	六	軍市南十一	未	〇四	五七	南	五七	〇〇	四
井宿五	未	〇五	二三	北	〇二	一一	三	四瀆十	未	〇五	五〇	南	一三	一五	四
軍市南十	未	〇六	〇七	南	五六	〇〇	四	井宿四	未	〇六	三〇	南	一〇	〇九	四
五諸侯一	未	〇六	三二	北	一〇	五八	五	四瀆二	未	〇六	三六	南	一四	五九	五
軍市五	未	〇六	三七	南	四六	三〇	五	井宿六	未	〇七	二四	南	〇一	一二	六
野雞七	未	〇七	二六	南	四二	三〇	五	女史	未	〇七	三五	北	八三	〇五	四
野雞六	未	〇七	四一	南	四二	五五	五	軍市二	未	〇八	〇〇	南	四一	三〇	五
野雞十二	未	〇八	〇七	南	四五	五〇	五	闕丘一	未	〇八	一四	南	二〇	三三	四
天樞	未	〇八	三五	北	六七	二〇	六	四瀆亦名井九	未	〇八	五六	南	〇九	四一	六
老人	未	〇九	〇七	南	七五	〇〇	一	天狼	未	〇九	三六	南	三九	三〇	一

星名	黃道經度			黃道緯度			等
	宮	十度	十分	向	十度	十分	
天罇三	未	○九	三八	北	○一	三一	六
井宿七	未	一○	二六	南	○二	○七	三
天狼北二	未	一二	○二	南	三四	五○	四
天狼北三	未	一二	二七	南	三六	四三	五
天狼北五	未	一三	○三	南	三九	三○	四
天罇二	未	一三	五六	南	○○	一四	三
天罇一	未	一四	一八	北	○二	五六	六
北河一	未	一四	二九	北	○九	四二	五

星名	黃道經度			黃道緯度			等
	宮	十度	十分	向	十度	十分	
四瀆一	未	一○	一七	南	一一	四五	五
五諸侯二	未	一○	五四	北	○七	四三	四
老人北三	未	一二	○七	南	六五	四○	三
軍市三	未	一二	二七	南	四二	三○	五
軍市四	未	一三	三七	南	四六	四○	五
井宿八	未	一四	一三	南	○五	四一	四
五諸侯三	未	一四	二四	北	○五	四三	四
弧矢八	未	一四	五七	南	五五	一○	四

闕丘二	未	一五	○○	南	二二	四七	四
北河南五	未	一五	一○	北	○六	○一	六
弧矢七	未	一六	二二	南	五一	二五	三
五諸侯四	未	一六	四七	北	○五	一○	五
南河二	未	一七	四○	南	一三	三四	三
南河一	未	一七	四九	南	一二	五一	六
北河南四	未	一八	○五	北	○七	二四	五
內階一	未	一八	三七	北	四○	○三	四
弧矢三	未	一八	五五	南	四八	三○	三
積薪	未	一九	○六	北	○三	○三	四

天狼北四	未	一五	○六	南	三八	○三	三
北河二	未	一五	四一	北	一○	○二	二
軍市東八	未	一六	三一	南	四六	一○	五
內階三	未	一七	○八	北	四四	二二	五
水位一	未	一七	四二	南	○九	四六	六
積薪南二	未	一八	○二	南	○五	五二	六
內階二	未	一八	一○	北	四三	五六	四
北河三	未	一八	四三	北	○六	三八	二
上台南七	未	一八	五七	北	二二	一五	六
積薪南三	未	一九	○六	南	○三	四八	六

星名	黃道經度 宮	黃道經度 十度	黃道經度 十分	黃道緯度 向	黃道緯度 十度	黃道緯度 十分	等
三師一	未	一九	二五	北	四七	五一	四
五諸侯五	未	二〇	四二	北	〇五	四四	五
三師南五	未	二〇	四九	北	四七	三〇	六
南河三	未	二一	一九	南	一五	五七	二
積薪南五	未	二三	二八	南	〇〇	五七	六
勾陳四	未	二三	二九	北	七五	〇〇	四
少輔	未	二四	〇〇	北	五二	三〇	六
內階四	未	二四	五〇	北	四二	三〇	五
積薪南四	未	二〇	三〇	南	〇二	四二	六
三師二	未	二〇	四五	北	四七	四五	四
老人北二	未	二〇	五七	南	七一	五〇	三
水位二	未	二一	五七	南	一〇	一九	五
少輔北九	未	二三	二九	北	五八	〇八	六
闕丘東三	未	二四	〇〇	南	三〇	〇〇	五
三師南六	未	二四	一七	北	四六	五〇	六
三師南四	未	二四	五五	北	四七	一四	六

爟南二	未	二四	五六	北	○一	一六	五
三師三	未	二五	四三	北	五一	三七	五
弧矢內十四	未	二五	五七	南	五三	○○	四
內階五	未	二六	○二	北	四五	○三	四
上台一	未	二六	五六	北	二九	一六	三
弧矢北十六	未	二七	一七	南	四五	三○	四
爟一	未	二七	三七	北	○五	○八	五
文昌五	未	二八	○七	北	三三	三○	五
后宮	未	二八	二○	北	七○	一八	六
文昌一	未	二九	○○	北	四六	二二	五

弧矢二	未	二五	一二	南	五一	二五	三
勾陳北十	未	二五	五二	北	七七	三九	五
弧矢九	未	二五	五七	南	五八	四○	三
水位三	未	二六	○四	南	○七	○五	五
內階六	未	二七	○○	北	四一	三○	五
弧矢內十	未	二七	二七	南	四九	四五	四
水位四	未	二七	五○	南	○二	一五	四
上台二	未	二八	一○	北	二八	三八	三
文昌六	未	二八	二六	北	三六	○六	五
弧矢六	未	二九	○○	南	四七	二八	三

黃道經度 星名	宮	十度	十分	黃道緯度 向	十度	十分	等
水位東九	未	二九	一三	南	○一	○四	六
弧矢十二	午	○○	一七	南	四九	一五	四
弧矢內十五	午	○○	四七	南	四六	○○	四
鬼宿一	午	○一	一○	南	○○	四八	五
文昌四	午	○一	三二	北	三四	三五	三
文昌二	午	○一	三八	北	四二	三六	四
弧矢內十七	午	○二	○七	南	五五	三○	五
文昌南七	午	○二	四一	北	三五	四○	六

黃道經度 星名	宮	十度	十分	黃道緯度 向	十度	十分	等
水位東六	未	二九	四四	南	一○	一九	四
軒轅一	午	○○	四二	北	二三	四一	四
鬼宿二	午	○○	四九	北	○一	三二	五
弧矢內十一	午	○一	一七	南	四九	五○	四
弧矢五	午	○一	三六	南	四四	五九	三
軒轅西二十四	午	○一	四四	北	一○	二三	五
弧矢北十八	午	○二	一七	南	四二	四○	五
積尸氣	午	○二	四七	北	○一	一四	氣

鬼宿三	午	○二	五七	北	○三	○八	四
天社西十	午	○三	三七	南	六三	○○	四
弧矢南二	午	○四	○七	南	五八	三○	五
外廚一	午	○四	一○	南	二三	○○	三
天樞西卽文昌八	午	○四	五八	北	四七	五五	六
弧矢南三	午	○五	一七	南	五七	一五	四
上輔	午	○五	三八	北	五七	○七	三
弧矢內十三	午	○五	五七	南	四九	五○	四
酒旗西八	午	○六	二七	南	○七	一四	六
弧矢四	午	○六	五四	南	四三	一九	三
軒轅二	午	○二	五七	北	二○	五一	四
庶子	午	○三	五四	北	七一	二三	六
鬼宿四	午	○四	○八	南	○○	○四	四
文昌三	午	○四	三九	北	三八	一六	四
外廚南三	午	○五	○六	南	三三	○七	四
外廚南四	午	○五	二七	南	三八	三一	四
柳宿一	午	○五	四六	南	一二	二七	四
軒轅三	午	○六	○○	北	二○	○五	四
柳宿二	午	○六	四○	南	一四	三七	五
弧矢一	午	○七	○七	南	五四	三○	二

黃道經度 星名	宮	十度	十分	黃道緯度 向	十度	十分	等
軒轅四	午	○七	一七	北	一七	五五	三
柳宿三	午	○七	四六	南	一四	一七	四
柳宿四	午	○七	四八	南	一一	○八	四
柳宿五	午	○八	二三	南	一一	三六	五
軒轅西二十三	午	○八	三七	北	○五	二○	六
中台南十二	午	○九	一○	北	二○	四二	四
柳宿六	午	一○	○一	南	一一	○一	四
天樞	午	一○	三四	北	四九	四○	二

黃道經度 星名	宮	十度	十分	黃道緯度 向	十度	十分	等
近黃極六	午	○七	二六	北	八六	五三	四
酒旗西七	午	○七	四八	南	○一	五四	六
帝	午	○八	一七	北	七二	五二	二
弧矢南四	午	○八	二七	南	五七	四五	四
酒旗西六	午	○九	○四	南	○五	○八	三
弧矢南一	午	○九	二七	南	五一	一五	二
弧矢南六	午	一○	○七	南	六○	○○	五
軒轅七	午	一○	四二	北	一○	二三	四

天社西十一	午	一〇	五七	南	六四	三〇	六
少尉	午	一一	二六	北	六一	三三	三
柳宿七	午	一二	五二	南	一一	〇六	六
弧矢南五	午	一三	〇七	南	五八	二〇	二
外廚南五	午	一三	二六	南	三二	五六	六
外廚南六	午	一三	五一	南	三〇	一八	四
中台三	午	一四	五七	北	二九	五二	四
內平一	午	一五	一二	北	二一	五三	四
柳宿八	午	一五	四二	南	一三	〇五	四
中台四	午	一六	〇五	北	二八	四五	四
外廚二	午	一一	〇一	南	二四	二九	四
酒旗西五	午	一一	三六	南	〇五	三六	五
弧矢南七	午	一二	五七	南	五九	二〇	五
軒轅八	午	一三	一七	北	〇七	五二	四
酒旗西四	午	一三	三七	南	〇五	四〇	四
天璇	午	一四	四四	北	四五	〇四	二
弧矢南八	午	一五	〇七	南	五六	四〇	五
太子	午	一五	四一	北	七五	二四	三
軒轅九	午	一六	〇五	北	〇九	四〇	三
弧矢南九	午	一六	一七	南	五七	〇〇	五

星名	黃道經度 宮	黃道經度 十度	黃道經度 十分	黃道緯度 向	黃道緯度 十度	黃道緯度 十分	等
軒轅十	午	一六	五一	北	一二	二一	四
酒旗二	午	一七	〇四	南	〇三	一〇	四
軒轅西二十二	午	一七	三二	南	〇四	四八	六
軒轅十五	午	一九	四〇	南	〇三	四七	四
天狗六	午	一九	五七	南	四三	二〇	四
中台南八	午	二〇	五七	北	二四	五〇	四
星宿西五	午	二一	〇七	南	一九	四五	六
星宿三	午	二一	一二	南	一五	〇〇	五
酒旗三	午	一七	〇二	南	〇五	四三	五
軒轅西二十一	午	一七	一三	北	一〇	四七	六
酒旗一	午	一八	五五	北	〇〇	一六	五
中台南七	午	一九	五五	北	二五	〇四	四
星宿二	午	二〇	五四	南	一六	四六	五
天狗七	午	二〇	五七	南	四三	三〇	四
中台南十	午	二一	〇九	北	二〇	四〇	四
天狗五	午	二一	一七	南	四九	〇〇	四

天社一	午	二一	五七	南	六三	五〇	二	天牢	午	二二	〇二	北	三三	〇一	五
天狗四	午	二二	〇七	南	五一	三〇	四	軒轅西十九	午	二二	四四	北	〇〇	〇一	四
星宿一	午	二二	四六	南	二三	二四	一	軒轅十一	午	二二	五八	北	一一	五〇	三
星宿四	午	二三	〇四	南	一四	一八	四	軒轅十三	午	二三	二〇	北	〇四	五二	三
軒轅西二十	午	二三	二四	北	〇二	一〇	六	太尊	午	二三	三三	北	三五	一四	四
中台南九	午	二四	二二	北	二一	二八	四	張宿八	午	二四	四四	南	三〇	三〇	三
御女十六	午	二四	四六	南	三	五五	四	軒轅十二	午	二四	五九	北	〇八	四七	二
軒轅十四	午	二五	一七	北	〇〇	二七	一	天璣	午	二五	四五	北	四七	〇七	二
軒轅南十八	午	二五	五一	南	〇一	二六	五	天狗三	午	二五	五七	南	五七	一〇	四
中台南十一	午	二六	一九	北	二四	五八	四	天權	午	二六	二六	北	五一	三七	二

黃道經度				黃道緯度			
星名	宮	十度	十分	向	十度	十分	等
少微西五	午	二七	二二	北	一七	四〇	五
天狗二	午	二八	〇七	南	五五	四〇	四
太陽守一	午	二九	一〇	北	四一	三〇	四
張宿西七	巳	〇〇	二六	南	二一	三九	四
尚書四	巳	〇〇	四五	北	八一	〇五	三
天社二	巳	〇〇	五七	南	六一	一五	四
少微四	巳	〇一	一四	北	一〇	一七	六
軒轅十六	巳	〇一	四八	北	〇〇	〇八	四

黃道經度				黃道緯度			
星名	宮	十度	十分	向	十度	十分	等
天狗一	午	二七	三七	南	五一	三〇	四
張宿五	午	二八	一二	南	二六	三四	四
天一	巳	〇〇	一七	北	六五	一八	五
天社南十二	巳	〇〇	二七	南	六九	四〇	二
少微二	巳	〇〇	五〇	北	一六	三一	五
張宿一	巳	〇一	〇九	南	二六	一二	五
天社八	巳	〇一	一五	南	六〇	〇〇	四
下台五	巳	〇一	五五	北	二六	一四	四

下台六	巳	○二	三六	北	二四	五四	四
天相一	巳	○二	五七	南	一六	○○	三
長垣二	巳	○三	○六	北	○五	五六	六
右樞	巳	○三	一一	北	六六	三六	二
張宿內六	巳	○三	四八	南	二三	一三	五
玉衡	巳	○四	一○	北	五四	一八	二
上相西六	巳	○四	一四	北	一二	五三	五
張宿一	巳	○四	五一	南	二一	二五	四
長垣三	巳	○五	○五	北	○二	五	六
虎賁	巳	○五	五四	北	一六	四七	五
西上相	巳	○六	四一	北	一四	二○	二
相	巳	○七	○○	北	四八	四○	六
天記	巳	○七	○○	南	五五	三○	二
天社三	巳	○七	○七	南	六五	四○	三
相北三	巳	○七	一九	北	四九	四二	六
相北二	巳	○七	三○	北	四九	四二	六
靈臺二	巳	○九	三○	南	○○	○九	五
西次相	巳	○九	五○	北	○九	四二	三
靈臺一	巳	○九	五八	北	○一	二○	四
次相南七	巳	一○	○八	北	○七	五一	六

黃道星名	經度宮	經度十度	經度十分	緯度向	緯度十度	緯度十分	等
靈臺三	巳	一〇	二〇	南	〇二	二九	五
開陽	巳	一〇	五七	北	五六	二二	二
常陳西二	巳	一三	一六	北	四〇	三	五
張宿四	巳	一三	四二	南	二三	三一	五
太子	巳	一四	二二	北	一七	一九	四
明堂南四	巳	一六	五三	南	〇七	三九	四
三公北四	巳	一七	〇二	北	五二	二五	六
海石一	巳	一七	三〇	南	七二	〇〇	三

黃道星名	經度宮	經度十度	經度十分	緯度向	緯度十度	緯度十分	等
張宿三	巳	一〇	三二	南	二四	三八	四
次將	巳	一二	五九	北	〇六	〇七	三
天社北七	巳	一三	一七	南	五六	五〇	三
上將	巳	一四	〇九	北	〇一	四〇	四
翼宿二	巳	一五	五一	南	二一	四九	四
明堂一	巳	一六	五七	南	〇〇	三三	五
五帝座	巳	一七	〇三	北	一二	一八	一
天社四	巳	一七	五七	南	六五	五	二

內屏一	巳	一八	四四	北	六	○七	三
郎位七	巳	一九	○一	北	二三	三○	四
翼宿一	巳	一九	一三	南	二二	四一	四
郎位五	巳	一九	二五	北	二五	五一	四
郎位三	巳	一九	三八	北	二七	二○	四
郎位六	巳	一九	四九	北	二六	○七	四
三公一	巳	二○	○五	北	四九	○○	六
明堂二	巳	二○	二七	南	○三	○三	四
郎位九	巳	二一	三八	北	二四	五六	四
翼宿四	巳	二二	一一	南	一七	二五	四
常陳一	巳	一八	四四	北	四○	○六	二
三公二	巳	一九	○一	北	四九	二七	六
郎位一	巳	一九	一八	北	二八	二五	三
內屏二	巳	一九	三三	北	○四	三七	五
郎位二	巳	一九	四二	北	二七	二四	四
明堂三	巳	一九	五○	南	○五	四一	五
郎位四	巳	二○	一九	北	二七	○七	四
翼宿六	巳	二一	二七	南	一三	一○	四
郎位八	巳	二二	一○	北	二五	一六	四
搖光	巳	二二	一二	北	五四	二五	二

星名	黃道經度 宮	黃道經度 十度	黃道經度 十分	黃道緯度 向	黃道緯度 十度	黃道緯度 十分	等
右執法	巳	二二	三二	北	〇〇	四三	三
內屏四	巳	二二	五八	北	〇六	一〇	五
郎位十	巳	二三	五二	北	二四	〇一	四
翼宿十	巳	二四	〇一	南	二五	三六	四
翼宿三	巳	二四	四三	南	一九	三九	四
天槍一	巳	二五	一〇	北	五八	五三	四
翼宿五	巳	二五	五五	南	一四	〇九	五
三公三	巳	二六	四二	北	四八	一一	六

星名	黃道經度 宮	黃道經度 十度	黃道經度 十分	黃道緯度 向	黃道緯度 十度	黃道緯度 十分	等
天社五	巳	二二	五七	南	六二	五〇	三
內屏三	巳	二三	〇七	北	〇八	三四	五
內屏南五	巳	二三	五七	北	〇三	二三	六
翼宿七	巳	二四	〇二	南	一一	一六	四
翼宿十一	巳	二四	四九	南	三〇	一七	五
郎將	巳	二五	一七	北	三〇	一六	四
天槍二	巳	二六	三三	北	五八	五一	四
上弼	巳	二七	五二	北	八四	四六	三

天槍三	巳	二八	〇〇	北	六〇	〇五	四	謁者	巳	二八	四六	北	〇五	〇〇	六
周鼎二	巳	二八	五〇	北	三一	四二	四	周鼎三	巳	二九	一五	北	二八	三二	五
尚書二	巳	二九	二一	北	八三	一八	五	尚書三	巳	二九	二三	北	八一	四一	五
翼宿八	巳	二九	三〇	南	一八	一六	四	天社六	巳	二九	五七	南	六二	一五	三
周鼎一	巳	二九	五九	北	三二	四六	四								

清史稿卷三十

志五

天文五

康熙壬子年恆星黃道經緯度表二

列壽星辰宮至娵訾亥宮，一百八十度之名星及附近星，並增定最小名星及附近星，如左：

星名	黃道經度 宮	十度	十分	黃道緯度 向	十度	十分	等
左執法	辰	〇〇	一六	北	〇一	二五	四
九卿一	辰	〇〇	五三	北	一三	三七	五
左樞	辰	〇〇	二二	北	七一	〇四	三
翼宿九	辰	〇一	三三	南	一六	〇二	四

星名	宮	黃道經度 十度	黃道經度 十分	黃道緯度 向	黃道緯度 十度	黃道緯度 十分	等
海石二	辰	〇一	四〇	南	六六	四〇	三
九卿三	辰	〇二	二一	北	一〇	二六	六
青丘一	辰	〇四	〇七	南	三一	二〇	四
東次將	辰	〇五	二四	北	一六	一六	三
軫宿一	辰	〇六	一三	南	一四	二五	三
東次相	辰	〇六	五五	北	〇八	四一	三
進賢南二	辰	〇七	三八	南	〇三	二五	五
青丘三	辰	〇八	〇七	南	三一	四〇	三
元戈	辰	〇二	一八	北	五四	四〇	四
九卿二	辰	〇二	五二	北	一一	三七	六
東上將	辰	〇四	三〇	北	二〇	三〇	五
東上相	辰	〇五	三六	北	〇二	五〇	三
青丘二	辰	〇六	二七	南	三四	一〇	四
軫宿二	辰	〇七	〇八	南	一九	三九	四
右轄五	辰	〇七	三八	南	二一	四六	四
海石三	辰	〇八	三〇	南	六五	二〇	五

軫宿三	辰	〇八	五五	南	一二	〇七	三
長沙	辰	〇九	一三	南	一八	一四	五
次將東六	辰	〇九	二五	北	一六	一四	六
次將東七	辰	一一	一一	北	一二	四一	五
進賢三	辰	一一	三九	南	〇三	二二	五
軫宿四	辰	一二	四九	南	一七	五九	三
馬尾西五	辰	一三	〇〇	南	四八	二〇	四
上宰	辰	一三	二九	北	七四	一二	三
平道一	辰	一三	三七	北	〇一	四五	四
右攝提三	辰	一四	三七	北	二五	一四	四

少宰	辰	〇八	五五	北	七八	三二	三
左轄	辰	〇九	二一	南	一一	二八	五
進賢一	辰	一〇	二九	北	〇二	二四	六
飛魚二	辰	一一	一二	南	七五	四〇	六
海石四	辰	一二	一五	南	六六	五〇	五
元戈北二	辰	一二	四九	北	六〇	四〇	六
右攝提二	辰	一三	二五	北	二六	三三	四
元戈三	辰	一三	三三	北	六〇	五七	六
招搖一	辰	一四	〇六	北	四九	三四	三
右攝提一	辰	一四	四二	北	二八	〇九	三

星名	黃道經度 宮	黃道經度 十度	黃道經度 十分	黃道緯度 向	黃道緯度 十度	黃道緯度 十分	等
進賢四	辰	一五	○八	南	○三	一三	五
天田一	辰	一五	四六	北	一二	三五	六
角宿二	辰	一六	二三	北	○八	一○	三
天門一	辰	一八	一三	南	○七	五一	五
角宿東五	辰	一八	五七	北	○○	一○	六
角宿一	辰	一九	一六	南	○一	五九	一
南船一	辰	一九	三五	南	六○	四○	四
七公西八	辰	一九	四四	北	五四	一六	三
海山三	辰	一五	三○	南	五八	四五	五
南船二	辰	一六	二○	南	六一	四五	四
飛魚一	辰	一八	○○	南	七二	三○	五
梗河三	辰	一八	一八	北	四二	三六	四
角宿東三	辰	一八	五九	北	○三	一一	六
梗河二	辰	一九	一六	北	四二	一一	四
大角	辰	一九	四○	北	三一	○三	一
天田南四	辰	一九	五七	北	○八	三○	五

海山二	辰	二〇	二〇	南	五八	一〇	四	平星西三	辰	二〇	二四	南	一四	三七	六
天門南三	辰	二〇	三五	南	〇九	一六	五	角宿東四	辰	二〇	四四	南	〇一	〇〇	六
馬尾四	辰	二一	〇〇	南	五〇	〇〇	四	海山一	辰	二一	一〇	南	五六	三〇	五
天門二	辰	二一	三五	南	〇六	一六	五	平道二	辰	二二	一〇	北	〇一	四六	六
平星一	辰	二二	二四	南	一三	四三	三	海石五	辰	二二	三〇	南	六八	〇〇	四
天田南三	辰	二二	三八	北	〇九	四一	六	馬尾三	辰	二三	〇〇	南	四九	三〇	二
飛魚三	辰	二三	〇〇	南	七七	三五	六	天田二	辰	二三	一一	北	一三	〇八	五
梗河一	辰	二三	三〇	北	四〇	四〇	三	庫樓八	辰	二四	三七	南	四一	〇〇	五
馬尾一	辰	二四	三七	南	四六	一〇	二	馬尾二	辰	二五	一七	南	四六	四五	四
亢宿西五	辰	二五	四四	北	〇二	二五	六	庫樓七	辰	二六	五七	南	四〇	二〇	三

星名	宮	黃道經度 十度	黃道經度 十分	黃道緯度 向	黃道緯度 十度	黃道緯度 十分	等
七公五	辰	二七	○六	北	五七	一六	四
左攝提二	辰	二七	一四	北	三○	二八	四
金魚四	辰	二七	四五	南	八七	○○	五
庫樓西九	辰	二八	○七	南	二五	四○	三
海山四	辰	二八	一七	南	五五	一○	四
七公七	辰	二八	三○	北	四九	○一	三
亢宿二	辰	二八	四九	北	一一	○三	五
梗河六	辰	二八	五三	北	四二	一六	五

星名	宮	黃道經度 十度	黃道經度 十分	黃道緯度 向	黃道緯度 十度	黃道緯度 十分	等
南船三	辰	二七	一○	南	六一	五四	四
南船五	辰	二七	一五	南	七一	○六	三
庫樓六	辰	二七	四七	南	四○	○○	三
左攝提三	辰	二八	一一	北	三一	二二	四
左攝提一	辰	二八	二七	北	二七	五七	三
七公六	辰	二八	三二	北	五三	二七	四
左攝提北四	辰	二○	五二	北	三三	五二	四
亢宿三	辰	二九	○九	北	○七	一九	四

梗河東四	辰	二九	一一	北	四○	一四	五
亢宿一	辰	二九	五一	北	○二	五八	四
梗河東八	卯	○○	三四	北	四五	○六	五
亢宿東五	卯	○○	五二	北	一一	四八	四
柱二	卯	○一	○七	南	二○	三○	四
柱三	卯	○一	五七	南	二○	○○	五
十字二	卯	○一	五七	南	五一	○一	二
亢宿四	卯	○二	二二	北	○○	三二	四
十字四	卯	○三	○七	南	五五	四○	二
貫索北十	卯	○三	三五	北	五四	○○	四
梗河九	辰	二九	三七	北	四六	一○	四
梗河東七	卯	○○	一六	北	四一	五五	六
梗河東五	卯	○○	四○	北	四○	三一	五
海山五	卯	○○	五五	南	五六	三○	四
庫樓四	卯	○一	○七	南	二七	三○	四
庫樓五	卯	○一	五七	南	三七	三○	五
柱四	卯	○二	一五	南	一八	五○	五
柱一	卯	○二	二七	南	二一	四○	五
七公四	卯	○三	二九	北	六○	一六	四
七公西九	卯	○三	四三	北	六四	二三	四

黃道星名	黃道經度宮	十度	十分	黃道緯度向	十度	十分	等
柱十	卯	○四	○七	南	三三	五○	五
南船四	卯	○四	三五	南	六六	五○	四
衡一	卯	○五	一七	南	二八	二○	四
亢宿東六	卯	○五	三○	北	○九	四九	四
飛魚四	卯	○六	一○	南	七六	四五	六
十字一	卯	○六	三七	南	四九	一○	四
七公三	卯	○六	五七	北	六三	五一	四
十字三	卯	○七	一七	南	五一	四○	二

黃道星名	黃道經度宮	十度	十分	黃道緯度向	十度	十分	等
貫索三	卯	○四	一○	北	四八	二五	五
貫索二	卯	○四	三七	北	四六	○八	四
平星二	卯	○五	二七	南	一七	四○	四
衡二	卯	○五	五七	南	二九	二○	四
飛魚五	卯	○六	三○	南	八三	二○	五
貫索四	卯	○六	五六	北	五○	○○	六
衡三	卯	○七	○七	南	二八	○○	四
海山六	卯	○七	三○	南	五七	四○	四

庫樓三	卯	〇七	三七	南	二二	三〇	三	貫索一	卯	〇七	三九	北	四四	二三	二
衡四	卯	〇八	一七	南	二六	三〇	四	馬腹一	卯	〇八	一七	南	四三	〇〇	二
柱八	卯	〇八	二七	南	三〇	二〇	五	柱七	卯	〇九	三七	南	三一	〇〇	五
馬腹二	卯	〇九	三七	南	四三	四五	三	氐宿內八	卯	〇九	四二	北	〇一	五五	五
七公二	卯	〇九	四四	北	六五	五五	四	庫樓一	卯	〇九	五七	南	三三	三〇	三
柱五	卯	一〇	〇七	南	二二	二〇	四	貫索五	卯	一〇	一五	北	四四	三三	二
南門一	卯	一〇	一七	南	四〇	四五	四	氐宿一	卯	一〇	三一	北	〇〇	二六	二
氐宿內五	卯	一〇	四一	北	〇八	一九	四	柱六	卯	一一	〇七	南	二三	四五	四
貫索六	卯	一二	二五	北	四四	五二	四	貫索南十一	卯	一二	三五	北	三八	一二	五
七公一	卯	一三	二五	北	六八	〇〇	五	氐宿內六	卯	一三	二七	北	〇一	一四	五

黃道經度 星名	宮	十度	十分	黃道緯度 向	十度	十分	等
秦	卯	一三	四七	北	二八	五八	三
陽門一	卯	一三	五七	南	一八	一五	四
貫索八	卯	一四	○二	北	四八	二四	六
庫樓二	卯	一四	四七	南	二五	一五	三
騎官十二	卯	一四	五七	南	二九	二○	四
貫索十二	卯	一五	二五	北	三九	○七	三
馬腹三	卯	一六	○七	南	四五	二○	二
氐宿二	卯	一六	二七	南	○一	四八	三

黃道經度 星名	宮	十度	十分	黃道緯度 向	十度	十分	等
騎官十一	卯	一三	四七	南	三○	○○	四
騎官十	卯	一三	五七	南	三一	二○	五
貫索七	卯	一四	三二	北	四六	一○	四
氐宿四	卯	一四	四八	北	○八	三五	二
周	卯	一五	二二	北	三四	二八	三
陽門二	卯	一五	二七	南	二○	五○	四
貫索十三	卯	一六	一○	北	三七	二九	四
陣車一	卯	一六	二七	南	○七	三七	三

西咸八	卯	一六	四六	北	○八	○七	四	氐宿內七	卯	一七	一九	北	○二	五九	六
蜀	卯	一七	三○	北	二五	三六	二	貫索南十四	卯	一七	三二	北	四二	三七	四
女牀西八	卯	一七	三二	北	六二	二九	五	蜀北十四	卯	一七	四八	北	二六	三六	四
騎官十三	卯	一七	五四	南	二九	一○	三	鄭	卯	一八	○七	北	三五	二五	三
陣車二	卯	一八	二七	南	一○	○○	四	女牀西七	卯	一八	四○	北	六三	一四	四
陣車三	卯	一九	一七	南	一一	三○	四	騎官一	卯	一九	二七	南	二四	○○	三
蜂一	卯	一九	三○	南	五五	一八	五	巴	卯	一九	四七	北	二四	○六	三
騎官六	卯	一九	五七	南	二四	五○	五	天棓西六	卯	一九	五七	北	七六	一七	四
蜂二	卯	二○	○○	南	五三	一○	六	西咸西七	卯	二○	二七	北	○二	二一	四
氐宿三	卯	二○	三三	北	○四	二八	三	晉	卯	二一	○七	北	三七	一九	四

星名	黃道經度 宮	十度	十分	黃道緯度 向	十度	十分	等
梁西十三	卯	二一	二七	北	一六	二七	四
騎官五	卯	二二	○七	南	二七	○○	五
騎官七	卯	二二	四七	南	二九	○○	二
天輻一	卯	二三	○七	南	○八	一○	四
女牀西六	卯	二四	○九	北	六○	二三	三
蜂四	卯	二四	三○	南	五五	四○	六
騎官四	卯	二四	五七	南	二五	一○	四
日	卯	二五	一一	北	○○	○二	四

星名	黃道經度 宮	十度	十分	黃道緯度 向	十度	十分	等
騎官二	卯	二一	四五	南	二一	一五	四
蜂三	卯	二二	一五	南	五七	三○	六
西咸一	卯	二二	四九	北	○四	○四	四
天輻二	卯	二三	五七	南	○九	四○	四
小斗四	卯	二四	二五	南	六六	三○	六
河間	卯	二四	三六	北	四○	○六	三
小斗七	卯	二五	○○	南	七五	一○	六
西咸二	卯	二五	一六	北	○三	三三	四

騎官九	卯	二五	三七	南	三〇	〇〇	五	西咸三	卯	二五	四八	北	〇六	一一	四
日北六	卯	二六	〇三	北	〇〇	〇七	四	騎官三	卯	二六	〇七	南	二一	〇〇	四
河中	卯	二六	二七	北	四二	四八	三	小斗一	卯	二六	三五	南	六二	二〇	六
騎官八	卯	二六	三七	南	二八	三〇	五	西咸四	卯	二六	四一	北	〇九	一九	四
天紀二	卯	二七	〇二	北	五三	一一	三	騎陣將軍	卯	二七	一七	南	三三	一〇	五
從官一	卯	二七	三七	南	一三	三〇	四	梁	卯	二七	四五	北	一七	一九	三
房宿四	卯	二七	五九	南	〇一	五五	三	小斗六	卯	二八	一二	南	七二	五〇	六
西咸北九	卯	二八	一九	北	一〇	五七	五	房宿一	卯	二八	二五	南	〇五	二三	二
房宿三	卯	二八	三六	北	〇一	〇五	二	從官二	卯	二八	三七	南	一二	五〇	四
房宿二	卯	二八	四四	南	〇八	二八	四	楚	卯	二八	五七	北	一六	三一	三

黃道 星名	黃道經度 宮	十度	十分	黃道緯度 向	十度	十分	等
鉤鈐	卯	二九	○七	北	○○	一四	六
楚南十五	寅	○○	○七	北	一六	一五	五
小斗五	寅	○○	四○	南	七○	四○	六
小斗二	寅	○一	○○	南	六二	一五	六
列肆二	寅	○一	○三	北	二三	四○	四
東咸三	寅	○一	四七	北	○一	四○	五
韓西十二	寅	○一	五七	北	一三	一九	五
心宿五	寅	○二	二七	南	○六	四○	五
鍵閉	寅	○○	○四	北	○一	四二	四
南門二	寅	○○	一七	南	四一	一○	一
積卒一	寅	○○	四七	南	一七	○○	四
小斗三	寅	○一	○○	南	六六	五○	六
積卒二	寅	○一	一七	南	一五	二○	四
心宿南四	寅	○一	四七	南	○六	三八	五
女牀西四	寅	○一	五七	北	五六	一○	五
東咸四	寅	○二	三七	北	○○	四五	四

東咸二	寅	○二	三七	北	○三	一○	五	女牀五	寅	○三	○七	北	五八	三○	五
心宿一	寅	○三	一一	南	○三	五五	四	東咸一	寅	○三	三七	北	○五	二○	五
天紀三	寅	○三	四六	北	五三	二一	三	東咸東五	寅	○四	一七	北	○○	四○	五
韓	寅	○四	三九	北	一一	三○	三	心宿二	寅	○五	一三	南	○四	二七	一
天棓一	寅	○五	一五	北	七八	一五	四	斛一	寅	○六	○○	北	三二	三六	四
心宿三	寅	○六	四三	南	○五	五○	四	三角形一	寅	○六	五四	南	四七	五○	二
斛二	寅	○七	一六	北	三一	五六	四	天棓二	寅	○七	二○	北	七五	二一	三
女牀一	寅	○七	二二	北	五九	三八	四	天棓南七	寅	○八	○六	北	七一	二○	六
女牀二	寅	○八	一六	北	六○	一二	四	三角形內四	寅	○八	三○	南	四五	○八	五
異雀七	寅	○九	二五	南	五八	二五	六	三角形二	寅	一○	三五	南	四○	二○	二

星名	黃道經度			黃道緯度			
	宮	十度	十分	向	十度	十分	等
魏一	寅	一〇	〇九	北	四七	四七	三
尾宿一	寅	一〇	四四	南	一五	〇〇	四
女牀三	寅	一〇	四八	北	六〇	一四	四
神宮一	寅	一二	〇七	南	一八	〇〇	三
帝座	寅	一二	三〇	北	三七	二三	三
三角形東五	寅	一二	四〇	南	四〇	四〇	五
宋	寅	一三	二四	北	〇七	一八	三
天棓五	寅	一五	一七	北	六九	二二	三

星名	黃道經度			黃道緯度			
	宮	十度	十分	向	十度	十分	等
尾宿二	寅	一〇	二七	南	一一	〇〇	三
異雀六	寅	一〇	四五	南	六一	〇〇	六
尾宿三	寅	一一	五七	南	一八	四〇	四
天棓八	寅	一二	〇七	北	七一	四〇	六
龜一	寅	一二	三七	南	三〇	二〇	五
龜四	寅	一二	四七	南	三四	一〇	四
天江一	寅	一五	〇一	南	〇二	一二	三
趙二	寅	一五	二二	北	四九	二三	四

天江六	寅	一五	二三	北	〇二	一二	三	異雀五	寅	一五	三五	南	六一	一〇	五
車肆一	寅	一五	四九	北	一〇	二一	四	天江二	寅	一六	四二	南	〇一	三二	四
龜三	寅	一六	五七	南	三三	二〇	四	三角形三	寅	一七	〇〇	南	四六	〇〇	二
尾宿四	寅	一七	〇七	南	一九	三〇	三	龜二	寅	一七	〇七	南	三四	一〇	四
天江北五	寅	一七	二三	南	〇〇	二〇	四	魚	寅	一七	二七	南	〇六	一〇	五
異雀三	寅	一七	三五	南	五四	一〇	六	南海南十七	寅	一七	五〇	北	〇七	一〇	五
候一	寅	一七	五〇	北	三五	五七	三	杵二	寅	一八	〇七	南	二六	三〇	四
天江三	寅	一八	一二	南	〇〇	二九	五	天江四	寅	一八	三六	南	〇〇	五八	五
尾宿九	寅	一八	五七	南	一三	三〇	四	天棓九	寅	一九	〇〇	北	七一	〇五	氣
尾宿八	寅	一九	二七	南	一三	二〇	三	杵一	寅	一九	三七	南	二二	四〇	五

星名	黃道經度 宮	黃道經度 十度	黃道經度 十分	黃道緯度 向	黃道緯度 十度	黃道緯度 十分	等
異雀四	寅	一九	四四	南	六〇	三〇	六
南海十	寅	一九	五七	北	〇八	〇四	三
尾宿五	寅	二〇	〇七	南	一八	五〇	三
市樓一	寅	二〇	三三	北	一五	一九	四
宗正一	寅	二〇	四五	北	二八	〇一	三
尾宿七	寅	二〇	五七	南	一五	一〇	三
糠	寅	二一	二七	南	〇四	一〇	五
杵東三	寅	二二	一七	南	一五	四五	四
市樓二	寅	一九	四五	北	一五	一八	四
天棓三	寅	二〇	〇三	北	八〇	二二	四
異雀二	寅	二〇	二五	南	四七	四〇	五
九河三	寅	二〇	三六	北	五一	一七	四
車肆二	寅	二〇	四八	北	一〇	三五	四
異雀一	寅	二一	〇〇	南	四四	三〇	六
宗正一	寅	二二	〇五	北	二六	一一	三
尾宿六	寅	二二	二七	南	一六	四〇	三

天江東七	寅	二二	四五	北	○四	二○	六	傳說	寅	二三	○七	南	一三	一五	氣
天棓四	寅	二三	二四	北	七五	三一	三	天紀九	寅	二三	五六	北	六○	四七	三
帛度一	寅	二四	○○	北	四三	四○	四	中山十三	寅	二四	三八	北	五二	四七	四
中山西十二	寅	二四	三九	北	五三	四六	四	燕九	寅	二五	一四	北	一三	四七	四
宗人一	寅	二五	三○	北	二七	五五	四	宗人南十五	寅	二五	三五	北	一九	五七	三
宗人二	寅	二五	三八	北	二六	二三	四	宗人三	寅	二五	五三	北	二四	五○	四
燕東十六	寅	二六	一五	北	一五	二○	五	屠肆二	寅	二六	一五	北	四四	四○	五
箕宿一	寅	二六	二○	南	○六	三○	三	帛度二	寅	二六	三○	北	四二	四○	四
宗人四	寅	二六	五八	北	二六	一○	四	孔雀一	寅	二七	一○	南	四○	三○	四
候二	寅	二七	三一	北	三三	○三	四	箕宿四	寅	二八	○七	南	一三	三○	三

星名	黃道經度			黃道緯度			等
	宮	十度	十分	向	十度	十分	
中山四	寅	二八	一九	北	五二	一九	四
箕宿二	寅	二九	三七	南	〇六	三〇	三
箕宿三	寅	二九	五七	南	一〇	五〇	三
鼈一	丑	〇一	〇七	南	二一	三〇	四
孔雀三	丑	〇一	三五	南	三八	三四	五
斗宿二	丑	〇一	四八	南	〇二	〇〇	四
屠肆	丑	〇二	三〇	北	四五	一五	四
鼈十一	丑	〇三	四七	南	一四	四〇	五

星名	黃道經度			黃道緯度			等
	宮	十度	十分	向	十度	十分	
斗宿三	寅	二八	四二	北	〇二	二八	四
孔雀二	寅	二九	四〇	南	三九	二〇	五
鼈十三	丑	〇一	〇七	南	一八	三〇	五
東海	丑	〇一	一三	北	二〇	三八	三
鼈十二	丑	〇一	三七	南	一五	五〇	五
孔雀五	丑	〇二	二五	南	四八	一〇	四
鼈二	丑	〇三	三七	南	二一	〇〇	五
鼈三	丑	〇五	〇七	南	二〇	三〇	五

蛇尾十五	丑	○五	三○	南	六三	五○	五
孔雀四	丑	○六	二○	南	三八	四○	五
鼈四	丑	○六	四七	南	二○	○○	四
鼈九	丑	○七	○七	南	一五	五○	六
斗宿四	丑	○七	五一	南	○三	三一	四
斗宿六	丑	○八	一七	南	○六	四五	三
蛇尾十四	丑	○八	五七	南	六四	二○	五
建星一	丑	○八	五七	北	○一	四五	四
鼈六	丑	○九	一七	南	一七	一○	四
天淵一	丑	○九	三七	南	二三	○○	二
斗宿一	丑	○五	四○	南	○三	五○	五
鼈十	丑	○六	三七	南	一四	五○	六
建星南七	丑	○七	○七	北	○○	四五	六
孔雀六	丑	○七	一五	南	四三	三○	四
鼈五	丑	○八	○七	南	一八	三○	五
鼈八	丑	○八	二七	南	一五	二○	四
鼈七	丑	○八	四七	南	一六	○○	四
天淵二	丑	○八	五七	南	一八	○○	二
斗宿五	丑	○九	三七	南	○四	三○	四
宗一	丑	一○	一二	北	四三	三三	四

黃道	經		度	緯			度
星名	宮	十度	十分	向	十度	十分	等
織女一	丑	一〇	一七	北	六一	四八	一
建星二	丑	一〇	二八	北	〇〇	五九	四
徐	丑	一一	一〇	北	二六	五九	三
天弁二	丑	一一	二九	北	一六	五七	四
狗西三	丑	一一	五七	南	〇二	三〇	五
蛇尾十三	丑	一二	五〇	南	六二	四五	五
建星四	丑	一三	四四	北	〇三	〇七	六
蛇尾十二	丑	一四	〇〇	南	五五	五〇	五

黃道	經		度	緯			度
星名	宮	十度	十分	向	十度	十分	等
宗二	丑	一〇	一八	北	四一	〇五	四
齊	丑	一〇	三〇	北	四五	五三	四
孔雀七	丑	一一	二〇	南	五〇	〇〇	四
建星三	丑	一一	四三	北	〇一	三一	四
天弁一	丑	一二	四六	北	一七	四一	三
織女三	丑	一三	二六	北	六〇	二六	五
吳越西十四	丑	一三	四四	北	三七	四〇	三
漸臺南五	丑	一四	〇四	北	五五	一六	六

織女二	丑	一四	一四	北	六二	二七	五	狗二	丑	一四	一七	南	○一	五○	五
漸臺二	丑	一四	一七	北	五六	○五	五	孔雀八	丑	一四	二五	南	四四	五四	四
建星五	丑	一四	五五	北	○四	一七	四	建星六	丑	一五	一一	北	○六	一○	五
吳越	丑	一五	一六	北	三六	一七	三	蛇尾十一	丑	一六	○○	南	五七	四五	六
夾白二	丑	一六	四○	南	八二	三○	五	波斯一	丑	一六	五四	南	三三	一○	六
漸臺四	丑	一七	一一	北	五五	○六	三	漸臺一	丑	一七	一一	北	五九	二六	四
漸臺南六	丑	一七	二○	北	五四	三二	五	狗一	丑	一七	二六	南	○三	○八	六
孔雀九	丑	一七	四○	南	四六	三○	四	右旗四	丑	一八	○○	北	二二	○○	四
扶筐三	丑	一八	○四	北	八一	五三	五	天淵四	丑	一八	三七	南	二○	一○	三
右旗三	丑	一九	○一	北	二四	五六	三	天淵三	丑	一九	一七	南	一三	三○	三

黃道星名	經宮	十度	十分	緯向	十度	十分	度等
蛇尾十	丑	一九	二六	南	五九	四〇	五
孔雀十	丑	二〇	〇〇	南	四一	一二	六
右旗六	丑	二〇	一七	北	一四	二八	三
狗國二	丑	二〇	二七	南	〇四	五〇	五
孔雀十一	丑	二〇	五五	南	三七	〇五	三
狗國四	丑	二一	二七	南	〇六	三〇	五
漸臺三	丑	二一	五二	北	五八	〇六	五
右旗二	丑	二三	一四	北	二六	三五	五

黃道星名	經宮	十度	十分	緯向	十度	十分	度等
狗國一	丑	一九	三七	南	〇四	五〇	五
天雞一	丑	二〇	〇九	北	〇五	〇八	六
天雞二	丑	二〇	二四	北	〇一	二五	六
狗國三	丑	二〇	二七	南	〇五	五〇	五
右旗五	丑	二一	一八	北	二〇	一五	三
扶筐二	丑	二一	三四	北	七九	五二	五
右旗一	丑	二二	一七	北	二八	四七	四
天雞東三	丑	二三	五三	北	〇五	一二	六

左旗北八	丑	二四	五七	北	四六	○三	四
扶筐一	丑	二五	三一	北	七七	五七	五
孔雀十二	丑	二五	三五	南	四七	一五	四
河鼓東五	丑	二五	五二	北	三○	五五	六
波斯六	丑	二六	一五	南	三六	三○	六
蛇尾九	丑	二六	二五	南	六四	三○	四
左旗三	丑	二六	三一	北	三八	五三	四
左旗九	丑	二六	四四	北	四九	○二	三
河鼓二	丑	二七	○九	北	二九	二二	二
河鼓一	丑	二七	五三	北	二六	五○	三

波斯二	丑	二五	○五	南	二八	四五	五
輦道一	丑	二五	三三	北	六○	四六	五
右旗東七	丑	二五	五○	北	二一	三八	三
輦道二	丑	二六	○二	北	五九	四一	五
波斯三	丑	二六	二○	南	三四	○○	六
河鼓三	丑	二六	二六	北	三一	一八	三
左旗四	丑	二六	三九	北	三八	一八	四
河鼓六	丑	二七	○七	北	三○	四○	六
河鼓東四	丑	二七	○九	北	三一	五九	五
牛宿三	丑	二八	○八	北	○七	一六	六

星名	宮	黃道經度 十度	黃道經度 十分	黃道緯度 向	黃道緯度 十度	黃道緯度 十分	等
牛宿西八	丑	二八	一三	北	○○	二四	氣
牛宿二	丑	二九	一八	北	○七	○三	三
左旗北五	丑	二九	三一	北	三九	五一	六
牛宿東七	丑	二九	五一	北	○六	五三	六
九坎一	丑	二九	五七	南	二三	二○	三
右旗東八	子	○○	二二	北	一八	四八	三
牛宿五	子	○○	四一	北	○○	二八	氣
左旗北六	子	○一	一三	北	四二	四三	四

星名	宮	黃道經度 十度	黃道經度 十分	黃道緯度 向	黃道緯度 十度	黃道緯度 十分	等
左旗二	丑	二八	五五	北	三八	五九	五
牛宿一	丑	二九	三一	北	○四	四一	三
波斯四	丑	二九	五○	南	三二	二○	四
牛宿四	丑	二九	五七	北	○○	四九	氣
左旗北十	丑	○○	二○	北	五○	四二	五
牛宿六	子	○○	三七	北	○一	二○	六
夾白三	子	○一	○○	南	八六	四○	四
波斯五	子	○一	二○	南	三四	○○	四

左旗一	子	〇二	三二	北	三九	一三	四	左旗七	子	〇二	三六	北	四四	〇二	四
越	子	〇二	四七	南	〇六	五八	六	羅堰二	子	〇三	〇六	北	〇〇	五〇	五
九坎二	子	〇三	〇七	南	二二	一〇	三	齊二	子	〇三	二八	南	〇九	〇二	六
羅堰一	子	〇三	四九	北	〇三	二五	六	九坎四	子	〇三	五七	南	二〇	五〇	五
波斯七	子	〇四	〇〇	南	三五	〇〇	四	波斯九	子	〇五	〇〇	南	三八	二〇	四
附白一	子	〇五	二〇	南	七六	三〇	四	鳥喙一	子	〇五	二五	南	四五	〇〇	二
離瑜二	子	〇五	四七	南	一四	五〇	五	離瑜一	子	〇五	四七	南	一六	〇〇	四
波斯八	子	〇五	五四	南	三七	〇六	四	鳥喙二	子	〇五	五五	南	五一	〇〇	四
九坎三	子	〇五	五七	南	二一	〇〇	三	楚	子	〇七	一三	南	〇八	〇八	六
女宿一	子	〇七	一三	北	〇八	一〇	四	蛇腹八	子	〇七	三五	南	六四	三〇	五

黃道星名	黃道經度宮	黃道經度十度	黃道經度十分	黃道緯度向	黃道緯度十度	黃道緯度十分	等
周	子	〇八	一八	南	〇三	〇一	五
魏	子	〇八	三一	南	〇四	二七	六
女宿南一	子	〇八	三七	北	〇三	三三	六
秦	子	〇九	二一	南	〇〇	二九	五
敗瓜一	子	〇九	三二	北	二九	〇八	三
韓	子	一〇	二三	南	〇四	二五	六
奚仲三	子	一〇	三七	北	七三	五〇	四
敗瓜二	子	一〇	四八	北	二八	五三	六
女宿二	子	〇八	二九	北	〇八	一九	五
天津西十一	子	〇八	三三	北	五四	一九	四
女宿四	子	〇八	四二	北	一二	一三	六
女宿三	子	〇九	三〇	北	一一	〇六	六
敗瓜三	子	一〇	一八	北	三〇	四二	六
扶筐四	子	一〇	二九	北	八〇	五四	四
敗瓜五	子	一〇	四二	北	二七	三四	六
瓠瓜五	子	一一	一七	北	三二	〇九	五

鶴一	子	一一	三〇	南	三二	三〇	二	敗瓜四	子	一一	四二	北	三〇	四一	六
女宿南二	子	一一	五一	北	〇四	五〇	五	天津二	子	一一	五三	北	六四	二八	三
瓠瓜一	子	一一	四八	北	三一	五七	三	燕	子	一二	二五	南	〇六	五六	五
瓠瓜二	子	一二	五一	北	三三	〇五	三	天錢三	子	一二	五七	南	一八	一〇	四
晉	子	一三	〇〇	南	〇六	二九	六	敗臼一	子	一三	〇〇	南	二三	〇五	三
代	子	一三	〇七	南	〇一	一七	五	奚仲一	子	一三	二一	北	六九	四二	四
奚仲二	子	一三	四〇	北	七一	三一	四	天錢二	子	一三	四七	南	一六	三〇	四
敗臼二	子	一四	〇〇	南	二五	〇〇	四	鳥喙四	子	一四	三五	南	五四	四五	四
瓠瓜三	子	一四	四四	北	三二	〇〇	三	瓠瓜四	子	一五	〇二	北	三二	四七	三
壘壁陣一	子	一五	二五	南	〇四	四八	四	鳥喙三	子	一五	三〇	南	五六	四五	三

星名	黃道經度 宮	黃道經度 十度	黃道經度 十分	黃道緯度 向	黃道緯度 十度	黃道緯度 十分	等
鶴八	子	一七	○○	南	四七	五六	二
天錢一	子	一七	○七	南	一五	一五	四
壘壁陣三	子	一七	一四	南	○二	二六	三
鶴二	子	一八	○○	南	三五	五○	二
虛宿一	子	一八	五一	北	○八	四二	三
壘壁陣四	子	一九	○○	南	○二	二九	三
烏喙六	子	一九	一五	南	六○	二五	四
司非二	子	一九	五五	北	二四	五二	四
壘壁陣二	子	一七	○六	南	○四	四九	五
鶴三	子	一七	一○	南	四三	二五	五
鶴四	子	一七	五○	南	四一	一○	四
虛宿二	子	一八	三三	北	二○	一三	四
司非一	子	一八	五四	北	二五	一六	四
天壘城三	子	一九	一四	北	○二	二二	五
天壘城一	子	一九	三八	北	○六	○一	五
天津一	子	二○	二五	北	五七	一○	三

鶴五	子	二〇	四〇	南	四二	二〇	四	鳥喙五	子	二〇	四〇	南	五六	四四	二
天錢六	子	二〇	四七	南	一四	三〇	四	天壘城二	子	二〇	五四	北	〇四	一七	六
司危一	子	二〇	五五	北	二一	〇六	四	蛇腹七	子	二一	二〇	南	六四	〇〇	五
天錢七	子	二二	三七	南	二一	二〇	四	天錢五	子	二三	〇七	南	一五	一〇	五
天錢四	子	二三	〇七	南	一九	三〇	五	天津九	子	二三	一〇	北	四九	二六	三
司祿一	子	二三	二七	北	一五	二三	六	天津三	子	二三	五〇	北	六三	三七	四
鶴六	子	二四	〇〇	南	三六	三五	四	羽林軍二十六	子	二四	〇七	南	〇四	〇〇	六
壘壁陣五	子	二四	一三	南	〇二	〇〇	四	鶴七	子	二四	三〇	南	三四	四〇	五
天津內十	子	二五	一八	北	五一	四一	四	蛇腹六	子	二五	二〇	南	六七	二五	五
天津北十二	子	二五	三五	北	六四	一七	四	人一	子	二五	五一	北	三三	二一	四

星名	黄道經度 宮	十度	十分	黄道緯度 向	十度	十分	等
天錢八	子	二六	〇七	南	二三	一五	四
泣二	子	二六	三一	北	〇二	四六	四
蓋屋一	子	二七	三六	北	〇九	一二	五
羽林軍二十五	子	二七	五六	南	一〇	四九	五
天津八	子	二八	四三	北	四四	四四	三
危宿一	子	二八	五〇	北	一〇	四二	三
火鳥三	子	二九	一五	南	四〇	〇〇	四
人三	亥	〇〇	三〇	北	二九	〇〇	四

星名	黄道經度 宮	十度	十分	黄道緯度 向	十度	十分	等
羽林軍二十四	子	二六	一七	南	一六	一五	四
危宿三	子	二七	二二	北	二三	〇八	三
天錢九	子	二七	三七	南	二三	三〇	四
蛇腹五	子	二八	三五	南	七〇	二〇	五
泣一	子	二八	四五	北	〇二	三〇	六
北落師門	子	二九	一二	南	二一	〇〇	一
人二	子	二九	四七	北	三六	一一	四
羽林軍一	亥	〇〇	四〇	南	〇五	四〇	六

火鳥二	亥	〇〇	四〇	南	三六	五〇	五
羽林軍二	亥	〇〇	五〇	南	〇九	五八	六
天津四	亥	〇〇	五四	北	五九	五六	二
蛇首四	亥	〇一	四五	南	七〇	五〇	四
墳墓四	亥	〇二	一〇	北	〇八	一八	三
天津七	亥	〇二	三〇	北	四八	一〇	四
天津六	亥	〇四	〇四	北	五〇	三三	四
墳墓五	亥	〇四	〇五	北	一〇	三一	五
羽林軍二十	亥	〇四	一七	南	一五	五三	五
羽林軍三	亥	〇四	二二	南	〇八	一〇	三
危宿西八	亥	〇〇	四六	北	一五	四三	五
壘壁陣六	亥	〇〇	五三	南	〇一	一〇	五
天津五	亥	〇一	三二	北	五四	五九	四
火鳥一	亥	〇二	〇〇	南	三二	三〇	五
危宿二	亥	〇二	一六	北	一六	二五	四
水委三	亥	〇二	四五	南	五二	五〇	四
羽林軍四	亥	〇二	〇五	南	〇五	三七	五
天津北十三	亥	〇四	〇七	北	六三	四五	五
火鳥四	亥	〇四	二〇	南	四一	五〇	四
墳墓六	亥	〇四	二三	北	〇八	五三	四

黃道星名	經度宮	經度十度	經度十分	緯度向	緯度十度	緯度十分	等
臼一	亥	○四	二三	北	三六	四三	四
羽林軍十九	亥	○五	○二	南	一五	四○	五
臼三	亥	○五	四○	北	三八	○○	四
車府南六	亥	○五	五四	北	五一	三一	四
火鳥七	亥	○六	三五	南	四五	五○	四
車府四	亥	○六	五二	北	五六	三六	四
壘壁陣七	亥	○七	○四	南	○○	二○	四
土公吏一	亥	○七	二八	北	二○	五一	四

黃道星名	經度宮	經度十度	經度十分	緯度向	緯度十度	緯度十分	等
虛梁一	亥	○四	五二	北	○四	○九	四
羽林軍十八	亥	○五	二五	南	一四	二六	五
墳墓七	亥	○五	五三	北	○八	一○	四
水委二	亥	○六	○○	南	五五	○○	四
火鳥八	亥	○六	四○	南	四六	四○	四
蛇首一	亥	○七	○○	南	六四	二五	二
火鳥五	亥	○七	一七	南	四○	○○	三
火鳥九	亥	○七	三五	南	四五	三○	四

水委一	亥	〇八	四九	南	五九	〇〇	一
火鳥六	亥	〇八	五六	南	四四	一〇	四
臼二	亥	〇九	五〇	北	三四	一九	四
羽林軍十七	亥	一〇	五〇	南	一六	三一	五
羽林軍七	亥	一一	四三	南	〇三	五九	五
羽林軍八	亥	一二	一一	南	〇四	一一	五
羽林軍六	亥	一二	三三	南	〇二	四九	五
蛇首二	亥	一三	一五	南	七〇	〇〇	四
火鳥十	亥	一三	二五	南	四七	四〇	四
雷電一	亥	一三	四四	北	一五	四四	六
羽林軍十五	亥	〇八	五五	南	一四	四五	五
羽林軍十六	亥	〇九	二一	南	一五	三〇	五
羽林軍五	亥	一〇	〇〇	南	〇一	二四	六
雷電二	亥	一一	四〇	北	一七	四七	三
蛇首三	亥	一一	五〇	南	七一	二五	四
羽林軍九	亥	一二	一五	南	〇四	四四	五
壘壁陣八	亥	一二	三八	南	〇一	〇〇	五
雷電三	亥	一三	二五	北	一八	二九	五
車府二	亥	一三	三〇	北	五七	三〇	四
雷電南四	亥	一四	〇〇	北	一四	三一	六

黃道	經度			緯度			
星名	宮	十度	十分	向	十度	十分	等
霹靂一	亥	一四	○二	北	○九	○四	四
羽林軍十三	亥	一四	四六	南	一五	一七	六
羽林軍十	亥	一五	○七	南	一○	五九	五
羽林軍十四	亥	一五	四四	南	一六	二三	六
霹靂二	亥	一六	五一	北	○七	一八	四
雲雨一	亥	一八	二一	北	○四	二七	五
霹靂北六	亥	一八	三一	北	○八	五五	六
室宿一	亥	一八	五七	北	一九	二六	二

黃道	經度			緯度			
星名	宮	十度	十分	向	十度	十分	等
羽林軍十二	亥	一四	○三	南	一四	二九	五
杵一	亥	一五	○三	北	四一	○一	四
羽林軍十一	亥	一五	三八	南	一一	三三	五
室宿西九	亥	一六	一五	北	二三	一六	四
天園一	亥	一七	四五	南	五三	○○	四
離宮三	亥	一八	三○	北	二八	四九	四
羽林軍二十一	亥	一八	三七	南	一五	三○	四
螣蛇二	亥	一九	○○	北	六○	四○	四

螣蛇一	亥	一九	二〇	北	六二	五三	四	離宮四	亥	一九	五四	北	二九	二五	四
離宮六	亥	二〇	二五	北	三四	二五	三	天園二	亥	二〇	三五	南	五六	四五	四
霹靂三	亥	二〇	四二	北	〇九	〇三	五	羽林軍二十三	亥	二〇	四七	南	一八	一五	四
離宮五	亥	二一	一一	北	三五	〇八	三	羽林軍二十二	亥	二一	三七	南	一四	二〇	四
雲雨二	亥	二二	〇五	北	〇三	二五	五	壘壁陣十二	亥	二二	三七	南	〇五	五〇	四
霹靂四	亥	二三	五七	北	〇七	一四	五	壘壁陣九	亥	二三	〇七	南	〇二	四〇	四
壘壁陣十一	亥	二四	一七	南	〇五	二〇	四	壘壁陣十	亥	二四	二二	南	〇二	三〇	四
天園三	亥	二四	四五	南	五九	〇〇	四	室宿二	亥	二四	五〇	北	三一	〇八	二
螣蛇三	亥	二五	〇〇	北	五七	一九	四	天倉一	亥	二六	二三	南	一〇	〇一	三
離宮七	亥	二六	三三	北	二五	三五	六	土司空七	亥	二七	五六	南	二〇	四七	二

黃道星名	黃道經度 宮	十度	十分	黃道緯度 向	十度	十分	等
霹靂五	亥	二八	○三	北	○六	二四	五
土公一	亥	二九	二七	北	○七	二七	六
離宮八	亥	二八	○六	北	二四	五一	六
天廚四	亥	二九	三三	北	八一	五一	四

黃道星名	宮	十度	十分	向	十度	十分
螣蛇十八	戌	○○	三○	北	六五	二○
土司空三	戌	○一	三五	南	二五	五八
奎宿二十二	戌	○五	二三	北	一○	四五
天倉九	戌	○八	○二	南	一二	三三
天倉十	戌	○九	四三	南	一五	○五
壁宿西五	戌	○○	三○	北	一八	五七
壁宿西四	戌	○四	三○	北	二三	三六
壁宿西三	戌	○六	○○	北	一七	四八
天倉八	戌	○八	四八	南	○七	二二
鈇鑕六	戌	一○	三八	南	二一	三七
土司空二	戌	○○	五○	南	二三	四八
金魚五	戌	○五	一○	南	七九	二○
土公三	戌	○六	三五	北	○三	四五
螣蛇十二	戌	○九	三五	北	四九	二○
天倉十一	戌	一○	五○	南	○九	○六

鈌鑕二	戌	五一 五〇	南	五二 五七	鈌鑕一	戌	五一 五一	南	四二 二三	鈌鑕二	戌	五一 五一	南	五二 四八
天倉十二	戌	一一 五二	南	二一 七一	奎宿二十四	戌	二一 二二	北	四〇 五八	天倉十三	戌	四一 〇二	南	一一 〇〇
鈌鑕五	戌	四一 八二	南	三三 〇三	奎宿二十五	戌	一一 〇三	北	四一 五〇	鈌鑕七	戌	四一 〇三	南	一二 〇二
鈌鑕四	戌	四一 三三	南	四三 七一	天庾一	戌	一一 五四	南	一三 五九	天庾二	戌	二一 〇四	南	一三 二八
天倉十四	戌	五一 五五	南	三一 五二	天倉十五	戌	五一 六五	南	二一 六五	天倉十九	戌	一一 〇八	南	五二 八五
天倉十六	戌	二一 八八	南	三一 五五	天倉十七	戌	一二 八〇	南	三一 〇七	奎宿二十三	戌	五二 〇〇	北	三〇 五五
天庾三	戌	五二 〇一	南	〇四 三〇	天苑三十六	戌	二二 〇一	南	三四 三六	天苑三十三	戌	五二 〇一	南	二四 〇二
天倉十八	戌	五二 五一	南	二二 八一	天苑三十四	戌	一二 五二	南	一四 〇五	芻蒿二	戌	二二 〇四	南	一二 八二
天苑三十五	戌	三二 五四	南	〇四 〇九	螣蛇十三	戌	一二 二五	北	五五 二四	天囷十五	戌	四二 二五	南	〇一 〇四
天囷十四	戌	四二 五五	南	四一 八一	天囷十三	戌	三二 五七	南	四一 六一	天苑三十七	戌	二二 〇九	南	〇四 〇二

黃道星名	宮	度	分	向	度	分
芻藁一	戌	二九	四九	南	一九	二二
婁宿北八	酉	〇一	四一	北	一〇	一三
天苑二十二	酉	〇五	一八	南	二〇	一四
天苑二十三	酉	〇七	〇五	南	一八	一五
胃宿西五	酉	〇八	一二	北	一二	二〇
天苑二十四	酉	一〇	三〇	南	一九	〇〇
天苑三十九	酉	一二	二〇	南	四八	〇〇
天大將軍十八	酉	一三	三〇	北	三九	一〇
天大將軍二十二	酉	一五	一五	北	三七	一五
天囷十一	酉	〇〇	一二	南	一四	三五
天囷十六	酉	〇一	四五	南	〇四	〇五
天大將軍十五	酉	〇六	一七	北	一九	〇〇
天苑內二十七	酉	〇七	一八	南	三三	四〇
天大將軍十四	酉	〇八	五五	北	二四	二〇
天大將軍十七	酉	一〇	三七	北	一六	三二
天囷十七	酉	一二	三五	南	一一	二四
天苑二十五	酉	一四	三八	南	二四	二三
大陵九	酉	一五	五七	北	二二	三〇
天囷十二	酉	〇〇	一七	南	一一	五〇
天大將軍十三	酉	〇四	〇七	北	二六	一八
天大將軍十六	酉	〇六	五九	北	一六	〇八
王良六	酉	〇七	五〇	北	四七	二五
天苑三十八	酉	一〇	一〇	南	四九	五三
天苑內二十八	酉	一一	〇五	南	三四	四三
天大將軍十九	酉	一三	一五	北	二九	一〇
天大將軍二十	酉	一四	四五	北	三三	一〇
大陵十四	酉	一六	〇二	北	一八	二〇

天苑二十六	酉	三一〇六	南	三二〇五
少衛西二	酉	二一七七	北	一六〇四
大陵十五	酉	一一一八	北	三一〇七
天阿	酉	二一五九	北	五〇五九
傳舍五	酉	〇二八三	北	一五五四
天苑三十一	酉	五二八五	南	二四二一
天苑三十二	酉	五二〇八	南	二四〇〇
少弼南十一	申	〇〇七一	北	四七〇八
傳舍七	申	三〇〇一	北	一三〇八
畢宿八	申	二〇六二	南	五〇〇五
天陰五	酉	三一七六	南	三〇五〇
大陵十三	酉	三一八七	北	〇二四〇
大陵西十一	酉	〇一〇九	北	二三六九
大陵十四	酉	四二〇一	北	五一〇五
天苑三十	酉	四二〇四	南	一四〇〇
卷舌六	酉	〇二二七	北	二一五四
天船十四	申	三〇〇〇	北	〇三〇五
華蓋三	申	一〇二一	北	五五五一
傳舍八	申	五〇二一	北	二三五九
畢宿七	申	五〇七二	南	二〇〇三
天大將軍二十一	酉	四一〇六	北	一三八四
天陰四	酉	〇一七八	北	四〇〇〇
大陵西十二	酉	〇一一九	北	二三〇八
天苑二十九	酉	三二〇二	南	五三五六
大陵十七	酉	四二七四	北	二二〇四
傳舍六	酉	五二〇七	北	四三五七
礪石五	申	四〇七〇	北	五〇八六
華蓋四	申	一〇七一	北	五五七三
天節十	申	一〇五二	南	四一三四
天船十三	申	〇〇七三	北	一二五六

黃道星名	宮	十度	十分	向	十度	十分
九斿七	申	〇三	〇七	南	四一	四〇
卷舌東九	申	〇四	三〇	北	一九	一五
九斿六	申	〇五	二七	南	三九	〇五
九斿四	申	〇七	二七	南	三三	四〇
玉井五	申	〇七	四〇	南	二六	五〇
屏五	申	一一	一〇	南	四八	三七
玉井北五	申	一二	一七	南	二六	五九
八穀七	申	一三	四〇	北	三二	〇五
八穀六	申	一七	二〇	北	三一	二五
天節十一	申	〇三	一四	南	一七	三〇
九斿八	申	〇四	三五	南	四三	四五
九斿五	申	〇七	一〇	南	三六	二五
天船十六	申	〇七	三〇	北	三一	〇五
卷舌東十	申	〇八	一〇	北	二一	二五
諸王八	申	一一	三五	北	〇一	三〇
八穀十	申	一二	四〇	北	三三	四〇
屏六	申	一三	四五	南	四六	一〇
勾陳十五	申	一七	〇四	北	六六	一五
屏三	申	〇四	〇〇	南	四七	〇一
天節十二	申	〇四	五二	南	一五	一五
九斿三	申	〇七	二五	南	三〇	二〇
屏四	申	〇七	三五	南	四九	五五
卷舌東十一	申	一〇	二六	北	二一	二二
勾陳十二	申	一二	一七	北	六四	三〇
諸王九	申	一三	〇〇	北	〇〇	三〇
勾陳五	申	一五	三七	北	六四	四二
五車東二十二	申	一七	五五	北	二八	四五

天潢五	申	一九一七	北	一六三五	南柱十三	申	二〇二七	北	〇五五〇	八穀八	申	二〇三〇	北	三四〇〇
南柱十四	申	二一〇七	北	〇六五〇	四輔西六	申	二二二〇	北	六四一八	天關南三	申	二二三六	南	一〇三〇
八穀九	申	二三三〇	北	三七〇〇	六甲	申	二四〇〇	北	五四五〇	參宿二十七	申	二五〇〇	南	三二四〇
參宿東二十六	申	二五一〇	南	二六三〇	參宿東二十八	申	二六一〇	南	三三三〇	五車東十九	申	二六二〇	北	一四三〇
五車北二十四	申	三六五〇	北	二二二二	五車東二十	申	二七〇一	北	二五五五	少衞北七	申	二七一二	北	四七五五
五車東二十一	申	二七五〇	北	二四五〇	八穀十二	申	二八三〇	北	三七三五	鉞南二	申	二九〇五	南	〇三四〇
參宿東二十九	申	二九三〇	南	三〇〇〇	水府南六	申	二九三五	南	一四〇〇	少衞北八	申	二九三七	北	五四二八
五車北二十三	未	〇〇四六	北	二五四〇	參宿二十九	未	〇一三六	南	三一〇〇	上衞北十二	未	〇一三七	北	五二三〇
四瀆十一	未	〇一四七	南	一二〇五	上衞北十一	未	〇二三六	北	四六五八	座旗三	未	〇三〇五	北	一九〇〇
座旗四	未	〇三一五	北	一七〇〇	四瀆十二	未	〇三二〇	南	一一一八	座旗二	未	〇三二五	北	二〇四〇

黃道星名	宮	十度 十分	向	十度 十分
座旗五	未	〇三 五〇	北	二〇 〇〇
座旗八	未	四〇 四五	北	二一 二〇
座旗十	未	〇六 〇〇	北	一六 四〇
四輔三	未	一〇 三七	北	六五 四五
北河北六	未	一五 五〇	北	一三 一〇
南河南四	未	一七 三〇	南	一五 一五
陰德一	未	二〇 二五	北	五八 一五
五諸侯七	未	二二 二七	北	〇六 五二
爟四	未	二四 〇五	北	〇九 一五

黃道星名	宮	十度 十分	向	十度 十分
座旗一	未	〇三 五〇	北	二三 五〇
座旗七	未	〇四 五〇	北	二二 一〇
上衛南十三	未	〇八 五〇	北	四〇 三〇
四輔四	未	一三 三七	北	六四 五〇
水位西七	未	一六 三八	南	一〇 一二
北河北七	未	一二 四〇	北	一二 一〇
南河南五	未	二〇 三二	南	一八 〇二
爟三	未	二三 三〇	北	〇四 五七
勾陳北十四	未	二四 一七	北	七三 五〇

黃道星名	宮	十度 十分	向	十度 十分
勾陳北十三	未	〇四 〇七	北	七二 五八
座旗九	未	〇四 五五	北	一八 五八
四輔二	未	一〇 三二	北	六三 一五
北河北八	未	一四 〇〇	北	一四 一〇
水位西八	未	一六 三八	南	一二 一五
五諸侯六	未	一八 四八	北	〇四 二五
南河南六	未	二〇 四一	南	一九 五〇
南河南七	未	二三 三二	南	一七 二一
南河南八	未	二四 一七	南	一六 四〇

星	宮	度	南北	度
爟九	未	三二 ○五	北	四○ 八五
南河南九	未	三二 九五	南	二一 ○五
爟八	未	三二 ○六	北	四○ 五七
爟五	未	三二 ○七	北	二○ 八八
南河南十二	未	三二 五七	南	二二 五三
爟六	未	五二 ○七	北	五○ 六七
南河南十一	未	五二 ○八	南	○二 ○一
爟七	未	五二 ○九	北	三○ 五五
水位東五	未	五二 五九	南	五○ 七一
爟東八	午	一○ 八○	北	二○ 七五
南河東十三	午	○○ 六一	南	五二 五二
軒轅二十八	午	四○ 八一	北	四一 ○三
柳宿西九	午	○○ 二二	南	○一 一二
軒轅二十九	午	四○ 六二	北	○一 ○四
軒轅三十	午	二○ 一三	北	五一 九三
軒轅三十二	午	四○ 一三	北	四一 ○五
軒轅二十五	午	四○ 七三	北	三一 ○○
軒轅二十六	午	二○ 六四	北	一一 ○○
軒轅三十三	午	二○ 一五	北	三一 ○六
酒旗西九	午	二○ 七五	南	四○ 五四
軒轅三十一	午	一○ 一六	北	四一 ○二
外廚三	午	三○ ○六	南	四一 ○七
軒轅二十七	午	三○ 一六	北	二○ ○七
外廚四	午	三○ 五八	南	五一 ○六
外廚五	午	○一 四一	南	四一 ○七
少尉南二	午	一一 七一	北	二六 五○
內平三	午	四一 六一	北	五二 五三
軒轅五	午	五一 二一	北	四一 ○七
酒旗西十	午	二一 一二	南	四○ ○一
內屏二	午	二一 七二	北	三二 ○○

黃道星名	宮	十度	十分	向	十度	十分
軒轅六	午	一二	三七	北	一五	○○
天理三	午	一八	二五	北	五三	一○
星宿七	午	二一	一○	南	二三	四○
星宿十二	午	二二	一五	南	一九	二二
星宿十四	午	二三	一○	南	一八	三五
星宿十三	午	二三	五五	南	二三	一五
天社南十三	午	二五	○七	南	八四	二○
少微三	午	二九	一七	北	一三	五○
少微一	巳	○三	○○	北	一七	四○
天理一	午	一三	五○	北	四九	二○
天理二	午	一九	四○	北	四七	○○
星宿六	午	二一	四○	南	二四	○○
星宿十	午	二三	○○	南	二四	三五
尙書一	午	二三	一七	北	八五	二九
天理四	午	二四	○五	北	四八	四六
天權北十一	午	二六	四二	北	五三	二五
長垣一	巳	○○	一七	北	○五	五九
天相二	巳	○三	四○	南	一八	○○
太尊西二	午	一八	○一	北	三四	○○
星宿八	午	二○	五八	南	二一	○三
星宿九	午	二一	五○	南	二三	一○
星宿十一	午	二三	○三	南	二二	五七
尙書五	午	二三	三七	北	八○	三○
太一	午	二四	三七	北	六四	一○
張宿西九	午	二九	一○	南	一九	五○
天相四	巳	○二	一○	南	一○	四○
長垣四	巳	○三	四二	南	○一	○五

天相三	巳	三〇 〇五	南	三一 〇七	張宿十	巳	〇〇 二六	南	二二 五七	天相五	巳	一〇 〇七	南	五一 〇三
天相六	巳	二〇 〇七	南	〇一 五二	輔星一	巳	三一 六二	北	五五 九六	從官	巳	四一 〇二	北	〇一 五八
靈臺東四	巳	五一 一二	南	二〇 五三	靈臺東五	巳	五一 六二	南	三〇 〇六	常陳西三	巳	一一 七三	北	四三 〇八
靈臺東六	巳	五一 五三	南	〇〇 〇五	張宿南十二	巳	二一 〇四	南	四二 五二	靈臺東七	巳	三一 五四	南	四〇 〇六
靈臺東八	巳	〇一 一五	南	五〇 〇四	五帝座三	巳	二一 七五	北	二一 〇〇	翼宿十二	巳	一一 九六	南	五一 五四
五帝座二	巳	三一 六六	北	〇一 〇四	輔星三	巳	一一 七七	北	一五 五七	內屏西六	巳	二一 一七	北	一〇 〇五
幸臣	巳	二一 七七	北	五一 〇七	五帝座五	巳	二一 七八	北	三〇 〇九	翼宿十三	巳	三一 五八	南	〇一 一六
五帝座四	巳	三一 六八	北	四一 〇三	輔星三	巳	五一 二八	北	五五 九七	內屏西七	巳	〇一 〇九	北	三〇 〇六
張宿南十一	巳	〇一 〇四	南	一三 〇四	內屏西八	巳	四二 一〇	北	二〇 〇七	翼宿十四	巳	〇二 二一	南	三一 六四
翼宿十七	巳	二二 〇五	南	〇二 五一	天槍南四	巳	五二 七五	北	五五 八六	翼宿二十	巳	二二 五六	南	三二 四一

黃道星名	宮	十度	十分	向	十度	十分
翼宿十六	巳	二七	五○	南	二八	○○
翼宿十八	巳	二八	五○	南	二六	○五
三公一	辰	○一	五七	北	○四	二○
三公三	辰	○三	三七	北	○四	四二
軫宿北五	辰	○六	四五	南	一○	一五
招搖南二	辰	一一	二○	北	四六	○○
上宰一	辰	一三	四○	北	七二	○○
飛魚六	辰	一四	三七	南	八二	五○
亢池二	辰	二○	一五	北	二六	二八
翼宿十五	巳	二七	二二	南	一○	二○
天槍東五	辰	○○	三七	北	五九	三○
三公二	辰	○二	三八	北	○六	二五
進賢南五	辰	○六	二○	南	○四	四○
元戈北五	辰	一○	三○	北	五五	○二
右攝提四	辰	一二	四○	北	三一	○○
進賢南七	辰	一四	二○	南	○一	三○
梗河南十	辰	一六	三○	北	三六	二○
亢池三	辰	二○	二七	北	二三	五○
翼宿十九	巳	二七	三○	南	二三	一五
翼宿二十一	辰	○一	四三	南	二四	三○
翼宿二十二	辰	○三	二九	南	二二	二四
進賢南六	辰	○六	四○	南	○一	四○
元戈北四	辰	一○	四○	北	五七	三三
梗河四	辰	一三	四○	北	四二	○三
進賢南八	辰	一四	二○	南	○三	五九
上宰二	辰	一七	二○	北	七二	二○
角宿南六	辰	二○	五五	南	○三	○三

亢池一	辰	一二 二一	北	三二 三八
天門南四	辰	四二 五一	南	二○ ○八
亢池四	辰	四二 五一	北	四二 五五
少宰一	辰	○○ 二二	北	○七 ○七
大角東二	辰	二二 ○三	北	五三 五一
角宿南七	辰	三二 ○三	南	○○ ○五
梗河東十	卯	四○ 二一	北	四四 ○五
七公東十	卯	○○ ○二	北	三五 ○八
七公東十一	卯	○○ ○三	北	○五 ○七
馬腹西四	卯	○○ 二六	南	三四 五三
貫索二十四	卯	一○ ○九	北	五五 五三
貫索十六	卯	二○ 七九	北	二三 ○四
貫索二十五	卯	○一 五○	北	四五 ○五
庫樓南十一	卯	四一 五○	南	二三 八四
貫索十五	卯	五一 ○○	北	三四 五六
貫索十七	卯	○一 二一	北	三三 九六
氐宿內九	卯	二一 ○一	北	五○ 九二
貫索十八	卯	二一 三一	北	三三 ○五
秦南二十五	卯	三一 ○一	北	三二 ○○
秦南二十六	卯	四一 ○一	北	五二 ○一
貫索九	卯	四一 ○一	北	三五 ○一
貫索十九	卯	四一 二一	北	一三 ○四
貫索二十	卯	三一 五二	北	三三 ○六
貫索二十一	卯	三一 七二	北	○三 三五
秦南二十七	卯	四一 ○二	北	○二 ○一
貫索二十二	卯	三一 九三	北	二三 五六
貫索二十三	卯	○一 二四	北	五三 九四
秦南二十八	卯	○一 五四	北	二二 ○二
周南二十	卯	五七 一四	北	一三 二一
周南二十一	卯	一一 七五	北	一三 八三

黃道星名	宮	十十 分度	向	十十 分度
貫索二十六	卯	五一 ○五	北	一五 ○五
貫索二十七	卯	五一 ○六	北	○五 ○三
蜀南十七	卯	一一 ○八	北	○二 ○三
貫索三十	卯	五一 ○九	北	○五 ○一
晉南二十三	卯	五二 九○	北	三三 ○六
斗一	卯	二二 ○五	北	○三 ○四
河中一	卯	四二 ○六	北	○四 ○二
小斗八	卯	五二 五六	南	五七 五五
列肆一	卯	一二 二八	北	○二 ○三

黃道星名	宮	十十 分度	向	十十 分度
飛魚七	卯	○一 五六	南	五八 ○○
頓頑一	卯	○一 五七	南	二二 一六
貫索二十八	卯	五一 ○八	北	一五 ○三
巴南十八	卯	○二 ○○	北	三二 ○二
天紀一	卯	四二 七一	北	三五 五○
房宿西五	卯	三二 ○六	南	二○ 二五
房宿西六	卯	五二 ○六	南	四○ ○四
小斗二	卯	一二 五七	北	一三 八六
西咸北十	卯	一二 五八	北	四一 ○二

黃道星名	宮	十十 分度	向	十十 分度
蜀南十六	卯	三一 五六	北	五一 九九
鄭南二十二	卯	四一 七七	北	二三 ○四
貫索二十九	卯	二一 ○九	北	一四 ○九
巴南十九卽天乳	卯	一二 ○○	北	一一 ○九
女牀西九	卯	五二 七二	北	四五 五七
小斗九	卯	三二 ○六	南	二七 七三
騎官十四	卯	五二 五六	南	一二 五二
小斗四	卯	二二 ○七	北	五二 ○九
罰一	卯	四二 ○八	北	一○ ○五

罰二	卯	二八五〇	北	〇九四五	斗三	卯	二九二〇	北	三四〇〇	罰三	卯	二九三〇	北	一二四〇
斗五	卯	二九五〇	北	二七五六	斛三	寅	〇二四〇	北	二六二〇	斛四	寅	〇三四〇	北	三一二五
斛六	寅	〇四五〇	北	二七三〇	斛五	寅	〇五二五	北	二九四〇	宋北十八	寅	〇九〇五	北	一七一五
天紀四	寅	〇九〇六	北	五四三三	異雀八	寅	〇九四七	南	五九五八	宦者四	寅	〇九五〇	北	三六三〇
天紀五	寅	〇九五七	北	五七一五	天紀六	寅	一一三八	北	五六二五	宦者一	寅	一三〇一	南	三四二五
異雀十一	寅	一四〇七	南	六二五九	宦者二	寅	一四四七	北	三二五五	異雀九	寅	一四四七	南	五五〇一
宗正西三	寅	一五五〇	北	二七四五	天紀七	寅	一六一七	北	五五五九	尾南十	寅	一六三〇	南	二二三〇
市樓西三	寅	一六五七	北	一六五九	異雀十	寅	一七一五	南	五五〇一	宦者三	寅	一七三〇	北	三二五〇
異雀十二	寅	二〇〇七	南	六二〇〇	天紀八	寅	二〇五七	北	五七三〇	天紀北十	寅	二一三〇	北	六三二〇
帛度南三	寅	二四一七	北	四三〇一	侯北四	寅	二四五〇	北	三九一〇	帛度南四	寅	二六五九	北	四二一〇

黃道星名	宮	十度十分	向	十度十分
侯東三	寅	二七二〇	北	三二四〇
中山南十四	寅	二八二〇	北	五〇二〇
中山北二十	丑	〇二三〇	北	五三一八
徐西三	丑	〇四二六	北	二五一〇
天弁四	丑	〇五一七	北	一五〇一
徐西五	丑	〇七三五	北	二五四〇
徐七	丑	一〇三五	北	二七五〇
天淵五	丑	一二三八	南	一九〇〇
天弁八	丑	一三〇八	北	二〇一九

黃道星名	宮	十度十分	向	十度十分
宗人東五	寅	二七四〇	北	二七二〇
中山北十五	寅	二八二〇	北	五四二〇
織女西四	丑	〇三三五	北	〇六二五
天弁三	丑	〇四三五	北	一六〇〇
徐西四	丑	〇五四〇	北	二三四〇
天弁六	丑	〇八一五	北	一八〇〇
徐南六	丑	一一五〇	北	二六二〇
天淵六	丑	一二三九	南	一九五九
天淵七	丑	一三一七	南	一八一〇

黃道星名	宮	十度十分	向	十度十分
宗人東六	寅	二八〇五	北	二八〇〇
中山北十六	寅	二九五一	北	五五二〇
徐西二	丑	〇三四〇	北	二二一〇
織女五	丑	〇四五〇	北	六三一〇
天弁五	丑	〇六三七	北	一五五九
天弁七	丑	一〇〇二	北	一六二九
孔雀十三	丑	一二三六	南	四四〇二
越西十五	丑	一三〇〇	北	三六一五
天弁九	丑	一三二二	北	一九〇〇

天淵八	丑	一三四二	南	二〇〇一
越西十六	丑	一四五〇	北	三三五〇
越西十八	丑	一八三〇	北	三四四二
越西十九	丑	一九五〇	北	三三五〇
輦道三	丑	二一二〇	北	六五二〇
孔雀十八	丑	二四一七	南	四〇五五
河鼓西七	丑	二五三六	北	二八四〇
河鼓九	丑	二六三一	北	三四一〇
河鼓十一	丑	二七五〇	北	二八五五
輦道四	子	〇〇四〇	北	五六二〇
天淵九	丑	一四二七	南	一八二五
右旗九	丑	一六五〇	北	一六三〇
孔雀內十五	丑	一八四二	南	三九五九
孔雀十六	丑	二〇二七	南	三九五五
孔雀十七	丑	二三一七	南	四四五九
波斯十	丑	二四二〇	南	三四三〇
河鼓北八	丑	二五四五	北	三二五八
扶筐南五	丑	二六五〇	北	六七三〇
河鼓東十	丑	二八三八	北	三一三〇
左旗十一	子	〇一五二	北	三七三五
天淵十	丑	一四三七	南	一九二五
越西十七	丑	一九四〇	北	一八五五
右旗十	丑	一九四〇	北	一八五五
孔雀十四	丑	二〇三六	南	四六二五
左旗北十四	丑	二三四〇	北	五〇三〇
左旗十五	丑	二五二〇	北	五二五〇
左旗西二十	丑	二五五〇	北	三六五〇
波斯十一	丑	二七二〇	南	三四四五
左旗北十六	子	〇〇〇七	北	四六四五
左旗十二	子	〇二二一	北	三六五四

黃道星名	宮	十度	十分	向	十度	十分
左旗十	子	○三	○七	北	三七	三○
天津西十四	子	○五	○五	北	五四	○五
左旗二十一	子	○五	二二	北	四四	二六
天津十五	子	○五	五五	北	五三	○五
鄭	子	○九	三○	南	一○	五○
烏喙七	子	一二	四七	南	五六	一二
天津十九	子	一五	○○	北	三七	三○
天津三十一	子	一五	五五	北	五四	五○
天津二十	子	一六	四○	北	四○	一五
左旗二十	子	○三	四○	南	四二	五○
附白北二	子	○五	○七	南	七三	二○
左旗十三	子	○五	五○	北	三四	一五
左旗十九	子	○六	二五	北	四二	四○
天津十七	子	一○	二○	北	四五	○五
天津二十九	子	一三	○○	北	五四	○○
天津二十二	子	一五	二七	北	四九	二○
天津二十三	子	一六	○○	北	四七	一○
天津二十一	子	一六	五○	北	四二	二○
左旗十七	子	○四	二五	北	三九	二二
趙	子	○五	○八	南	○五	○○
左旗十八	子	○五	五○	北	四○	○○
天津十六	子	○六	四○	北	四七	二○
天津十八	子	一一	○○	北	四六	三○
天津三十	子	一四	二○	北	五五	○五
天津三十二	子	一五	三五	北	五二	二○
鶴九	子	一六	○二	南	二七	三○
天錢十	子	一七	二○	南	二○	四○

天津三十三	子	二一 〇七	北	二五 〇五	鶴十	子	二一 七七	南	三三 五一	奚仲四	子	五一 〇七	北	二六 〇九
鶴十一	子	二一 七八	南	二二 〇六	天津二十四	子	四一 〇八	北	五四 〇〇	司命一	子	五一 二九	北	二一 〇一
鶴十二	子	五一 七九	南	三三 五〇	天津二十六	子	一二 〇〇	北	二五 五一	天壘城四	子	二二 〇〇	北	五〇 八二
天壘城五	子	三二 〇〇	北	一〇 〇五	天津二十五	子	〇二 〇一	北	一四 〇六	哭一	子	二二 〇一	南	一〇 〇〇
司祿二	子	三二 七一	北	〇一 一五	司命二	子	四二 七一	北	五一 〇一	天津二十七	子	五二 〇一	北	二四 〇二
天津二十八	子	〇二 〇三	北	〇四 〇三	奚仲東五	子	〇二 〇四	北	三六 〇七	奚仲東六	子	〇二 〇四	北	三七 〇〇
哭東二	子	〇二 五五	北	〇〇 三〇	奚仲七	子	〇二 五五	北	四六 〇九	人四	子	〇二 二九	北	〇四 〇〇
虛梁二	亥	一〇 七三	北	五〇 九三	虛梁三	亥	〇〇 二六	北	五〇 九四	虛梁四	亥	〇〇 七七	北	五〇 九五
車府北七	亥	三〇 〇八	北	二六 〇二	車府五	亥	一一 二〇	北	三五 〇九	車府三	亥	一一 七〇	北	五五 九五
車府八	亥	四一 〇〇	北	三六 〇二	夾白四	亥	一一 〇二	南	四八 〇六	霹靂南七	亥	四一 五四	北	三〇 〇七

黃道星名	宮	十度	十分	向	十度	十分
雲雨三	亥	一七	三八	北	〇一	四五
雷電五	亥	二一	二七	北	一五	〇一
雷電六	亥	二四	〇七	北	一四	〇七
螣蛇十四	亥	二〇	五二	北	五八	二五
螣蛇十五	亥	二一	三七	北	六五	〇三
螣蛇十六	亥	二六	三七	北	六六	二五
雲雨四	亥	二一	二二	北	〇〇	五七
雷電七	亥	二三	〇〇	北	〇四	〇五

清史稿卷三十一

志六

天文六

乾隆甲子年恆星黃道經緯度表一

乾隆甲子新測恆星，較舊尤密，星數增多，分四卷。首黃道降婁戌宮，迄實沈申宮，凡八百九十七星，如左：

黃道	經	度			緯	度			
星名	宮	十度	十分	十秒	向	十度	十分	十秒	等
天廚六	戌	〇〇	〇七	三五	北	八一	四八	三〇	四
土公一	戌	〇〇	二三	四一	北	〇七	三一	四三	五
天廚北增一	戌	〇〇	一一	〇六	北	八二	五七	二〇	六
土公北增一	戌	〇〇	三四	一二	北	〇七	五七	五〇	六

黃道 星名	經度 宮	經度 十度	經度 十分	經度 十秒	緯度 向	緯度 十度	緯度 十分	緯度 十秒	等
室宿東增五	戌	〇〇	五五	三八	北	三一	三一	三九	六
車府二	戌	〇一	〇四	五二	北	四七	三〇	五九	五
車府南增十四	戌	〇一	二六	〇五	北	四四	三四	三四	六
車府東增十九	戌	〇一	四二	五四	北	五一	二四	二〇	五
室宿東增六	戌	〇一	五六	一二	北	三二	三九	〇一	六
天溷四	戌	〇二	一八	三一	南	一四	〇七	四五	五
車府南增十五	戌	〇二	三〇	二八	北	四三	四一	一〇	六
壁宿西增九	戌	〇二	三四	五九	北	一八	一三	四一	六
天鈎四	戌	〇〇	五七	五八	北	七一	四六	二二	四
天鈎三	戌	〇一	二二	四〇	北	七三	五七	三〇	五
天溷三	戌	〇一	三九	三〇	南	一六	一八	三九	六
天溷北增一	戌	〇一	四四	〇七	南	〇六	三七	一七	六
天廚南增二	戌	〇二	一〇	一〇	北	七七	一九	一〇	六
螣蛇二	戌	〇二	二二	三三	北	五三	一九	〇九	五
土公南增八	戌	〇二	三〇	五〇	南	〇二	四二	〇〇	六
車府一	戌	〇二	五〇	〇九	北	四五	三三	三八	五

土公南增九	戌	〇二	五〇 一六	南	〇三	五九 五六	六
室宿東增七	戌	〇三	〇〇 〇三	北	三三	〇一 一九	六
天溷北增二	戌	〇三	〇三 二六	南	〇六	四七 二八	六
土公北增二	戌	〇三	一一 二三	北	〇九	一二 三七	六
土公北增三	戌	〇三	二二 一六	北	〇六	三六 〇三	六
天溷內增六	戌	〇三	四二 〇〇	南	一四	四四 一四	五
壁宿西增七	戌	〇三	四八 〇一	北	二〇	三五 〇〇	六
螣蛇八	戌	〇四	〇七 五五	北	六一	一四 〇〇	六
車府南增十六	戌	〇四	一四 二七	北	四三	四五 三八	五
土公北增五	戌	〇四	二四 一三	北	〇五	二七 二八	六
天廚五	戌	〇二	五二 一八	北	七七	二八 一〇	五
土公南增七	戌	〇三	〇一 一〇	南	〇〇	四四 四九	六
壁宿南增十	戌	〇三	〇七 〇〇	北	一一	四二 三八	六
螣蛇七	戌	〇三	二〇 一〇	北	六三	四五 〇〇	六
土公北增四	戌	〇三	三〇 〇八	北	〇五	五四 二六	六
壁宿西增八	戌	〇三	四二 三二	北	二〇	三二 五八	六
夾白二	戌	〇三	五一 四五	南	七八	〇五 二〇	三
天園四	戌	〇四	一一 五五	南	五六	五七 五三	四
壁宿西增二	戌	〇四	二〇 四二	北	三一	〇一 五七	六
螣蛇一	戌	〇四	三七 一二	北	五三	一七 二六	四

星名	黃道經度 宮	十度	十分 十秒	黃道緯度 向	十度	十分 十秒	等
土公南增十	戌	○四	四一 五一	南	○三	五八 五六	六
天溷二	戌	○四	四七 三二	南	一五	五三 五○	五
螣蛇十	戌	○五	○八 五六	北	五五	三四 一○	五
天溷東增五	戌	○五	二二 三九	南	一六	一五 五一	五
螣蛇南增八	戌	○五	二九 一六	北	三八	二○ 四五	六
天鉤二	戌	○五	三一 ○八	北	七六	一六 五四	六
壁宿西增一	戌	○五	四一 三一	北	三二	五三 ○○	六
壁宿西增十八	戌	○五	五四 一七	北	一五	四六 一五	六
車府南增十七	戌	○四	四三 二二	北	四四	○三 ○八	六
土公南增十一	戌	○四	五八 二六	南	○四	一五 一六	六
土公二	戌	○五	二一 五五	北	○四	三 四二	六
天溷一	戌	○五	二二 四六	南	一三	二四 ○八	六
壁宿西增三	戌	○五	三一 ○○	北	二八	一八 ○五	五
壁宿一	戌	○五	三四 五○	北	一二	三五 一二	二
壁宿南增十一	戌	○五	四九 ○六	北	一一	○五 三六	六
壁宿西增四	戌	○六	三○ 二四	北	二七	一六 二○	六

壁宿西增六	戌	〇六	三〇	五〇	北	二三	〇九	一六	六
壁宿南增十二	戌	〇六	五四	四八	北	一〇	〇九	〇八	六
造父四	戌	〇七	〇三	一一	北	六四	〇二	五三	六
螣蛇十五	戌	〇七	一二	二八	北	五三	四一	四四	六
壁宿東增十六	戌	〇七	三一	一八	北	一二	五五	〇三	六
天倉內增十三	戌	〇七	四三	四九	南	一五	三五	二九	六
螣蛇西增六	戌	〇七	五三	一二	北	四一	四六	三二	六
鈇鑕一	戌	〇八	〇六	四四	南	二八	三七	五六	六
天倉二	戌	〇八	一〇	一八	南	一六	〇七	一六	三
壁宿西增五	戌	〇八	二二	三三	北	二四	三四	四二	六
土公東增六	戌	〇六	三四	二一	北	〇三	一一	〇八	六
車府南增十八	戌	〇七	〇〇	一一	北	四三	五七	〇五	六
壁宿東增十七	戌	〇七	〇三	四五	北	一三	一二	〇四	六
螣蛇西增七	戌	〇七	二一	二九	北	四一	三九	五四	六
天倉內增十四	戌	〇七	三四	〇九	南	一五	三八	五九	六
壁宿南增十三	戌	〇七	四六	〇六	北	一〇	四一	三四	六
壁宿東增十九	戌	〇八	〇〇	四二	北	一七	〇一	四〇	六
天倉北增十二	戌	〇八	〇八	五二	南	一五	三九	五六	六
天溷北增三	戌	〇八	一〇	一八	南	〇六	一七	五〇	六
螣蛇南增九	戌	〇八	二三	一〇	北	三八	一四	四二	六

星名	黃道經度 宮	十度	十分	十秒	黃道緯度 向	十度	十分	十秒	等
造父西增一	戌	〇八	二六	四八	北	六一	五二	五〇	六
天倉北增十一	戌	〇九	〇五	一〇	南	一五	〇六	四七	六
天鈎五	戌	〇九	一五	三三	北	六八	五六	二〇	三
壁宿東增十五	戌	〇九	二八	三一	北	一二	一六	五六	六
壁宿東增十四	戌	〇九	五三	四七	北	一一	三九	一三	六
螣蛇西增五	戌	一〇	〇〇	一二	北	四一	四六	五九	六
造父內增四	戌	一〇	二〇	〇五	北	六五	〇二	三五	六
外屏西增八	戌	一〇	二二	三一	北	〇一	五七	二八	六
螣蛇西增四	戌	〇八	三八	一五	北	四六	三五	〇五	六
天溷北增四	戌	〇九	〇五	二四	南	一〇	四一	〇〇	六
螣蛇九	戌	〇九	二五	五〇	北	五九	五九	〇五	四
螣蛇南增十	戌	〇九	四六	一四	北	三八	三六	〇四	六
外屏西增九	戌	〇九	五七	二二	北	〇一	三一	四八	六
壁宿東增二十	戌	一〇	〇一	四八	北	一三	三七	三〇	六
天倉內增十五	戌	一〇	二二	三六	南	二一	五〇	〇七	五
造父二	戌	一〇	二四	四五	北	六一	〇九	四一	四

天倉北增九	戌	一〇	二七 〇四	南	一四	三七 五九	五
天倉北增十	戌	一〇	三三 〇三	南	一三	二四 五八	六
造父內增二	戌	一〇	四〇 五七	北	六一	四八 五〇	六
外屏南增十	戌	一〇	四五 三八	南	〇五	〇二 一〇	六
鈇鑕二	戌	一〇	五八 二七	南	二八	〇二 〇〇	五
螣蛇內增二	戌	一一	〇六 〇九	北	四八	五六 二三	六
天鈎南增九	戌	一一	〇八 二一	北	六六	四〇 三五	六
天倉北增八	戌	一一	二〇 五五	南	一四	四一 三九	六
造父內增三	戌	一一	四三 一六	北	六二	五四 二二	六
天倉內增十八	戌	一二	〇二 五〇	南	二三	四一 二四	六
壁宿東增二十一	戌	一〇	三二 四〇	北	一五	〇四 四五	六
外屏一	戌	一〇	三四 一七	北	〇二	〇九 四四	四
壁宿二	戌	一〇	四三 五三	北	二五	四一 〇一	二
造父五	戌	一〇	五〇 〇八	北	六五	二九 〇三	五
造父東增五	戌	一一	〇三 一二	北	六五	二九 一五	五
螣蛇十六	戌	一一	〇六 一六	北	四九	五三 二六	六
天倉內增十六	戌	一一	一九 一七	南	二〇	三二 四〇	六
天鈎南增十	戌	一一	二七 一〇	北	六六	四七 二八	六
壁宿東增二十二	戌	一一	五〇 一一	北	一五	二九 〇四	六
壁宿東增二十三	戌	一二	〇四 三七	北	一五	二四 四七	六

星名	黃道經度 宮	黃道經度 度	黃道經度 十分	黃道經度 十秒	黃道緯度 向	黃道緯度 度	黃道緯度 十分	黃道緯度 十秒	等
鈇鑕三	戌	一二	〇七	三二	南	二八	五五	五一	五
螣蛇十二	戌	一二	一一	四五	北	四八	三四	一一	六
造父三	戌	一二	二五	四六	北	六一	五四	五〇	六
螣蛇二十二	戌	一二	三二	二五	北	四一	〇一	二六	四
天倉北增七	戌	一二	四〇	〇六	南	一五	三五	四四	六
螣蛇十八	戌	一二	五三	二九	北	四七	四五	一七	六
天倉北增六	戌	一三	〇八	二五	南	〇九	四九	三三	六
天倉北增五	戌	一三	一七	一〇	南	〇九	三八	一二	六

星名	黃道經度 宮	黃道經度 度	黃道經度 十分	黃道經度 十秒	黃道緯度 向	黃道緯度 度	黃道緯度 十分	黃道緯度 十秒	等
天倉北增四	戌	一二	〇七	三八	南	〇九	〇八	四三	六
天園五	戌	一二	一三	三三	南	五四	一三	一三	四
天倉內增十七	戌	一二	三〇	三〇	南	二三	三三	五六	六
天倉三	戌	一二	三八	五二	南	一五	四六	三〇	三
外屏南增十一	戌	一二	五二	一〇	南	〇四	四九	一六	六
螣蛇內增三	戌	一二	五四	二七	北	四七	一五	五五	六
天倉北增三	戌	一三	〇八	五六	南	〇八	一四	四五	六
外屏南增五	戌	一三	二六	四六	南	〇一	五五	三〇	六

外屏南增六	戌	一三	三一　四六	南	○一	一○　五五	六
螣蛇二十一	戌	一三	四五　一六	北	四一	四三　○六	四
天廚一	戌	一三	五一　○三	北	八二	五二　五○	三
奎宿西增三	戌	一四	○二　三九	北	一五	三七　一二	六
外屏南增十三	戌	一四	○六　五八	南	○四	五○　三一	六
天庾一	戌	一四	一六　五一	南	三八	五二　一九	六
鈇鑕五	戌	一四	一八　三二	南	三二	○三　二八	四
天倉五	戌	一四	二○　四八	南	二四	五七　三二	三
天倉北增二	戌	一四	三九　二五	南	○八	一七　四二	六
天囷北增一	戌	一五	○○　○六	南	五一	四三　○三	四
外屏南增十二	戌	一三	三八　一○	南	○四	四○　五七	六
外屏內增七	戌	一三	四六　四○	北	○一	○九　二八	六
外屏二	戌	一三	五七　一一	北	○一	○四　○七	四
造父一	戌	一四	○四　○五	北	五九	三三　二五	四
奎宿西增二	戌	一四	一○　二六	北	一五	四四　四七	六
天庾北增一	戌	一四	一八　○八	南	三七	五○　○五	六
奎宿西增五	戌	一四	一九　○二	北	一○	四四　四九	六
外屏南增四	戌	一四	二一　四五	南	○一	三○　一四	五
螣蛇十九	戌	一四	四五　四三	北	四三	四八　三四	四
奎宿西增四	戌	一五	○一　三六	北	一三	一九　五八	六

星名	黃道經度 宮	十度	十分	十秒	黃道緯度 向	十度	十分	十秒	等
天鈎北增五	戌	一五	〇三	三八	北	六九	五九	三〇	六
天鈎北增六	戌	一五	二八	三六	北	六九	五五	二四	六
奎宿西增一	戌	一五	四四	〇三	北	二四	一一	四二	六
鈇鑕四	戌	一五	四九	一五	南	三一	〇二	二九	四
外屏三	戌	一六	一七	一三	南	〇〇	一三	二五	四
天鈎南增十一	戌	一六	一八	一七	北	六四	一八	二六	六
天鈎南增十二	戌	一六	二七	一七	北	六四	一六	四〇	五
奎宿西增六	戌	一六	二八	二九	北	一二	一七	一三	六
天倉北增一	戌	一五	一九	二八	南	〇八	三〇	〇六	六
天鈎一	戌	一五	四〇	五五	北	七四	〇七	〇三	六
外屏南增十四	戌	一五	四五	〇四	南	〇四	一七	一三	五
天倉六	戌	一五	五三	三二	南	三〇	四七	五二	五
外屏南增三	戌	一六	一七	五三	南	〇〇	五一	五〇	六
螣蛇二十	戌	一六	二五	一三	北	四二	五六	二九	四
外屏北增二	戌	一六	二八	二一	北	〇五	三一	一三	六
天廐三	戌	一六	四八	五三	北	三一	三五	五六	五

天廚四	戌	一六	五八 四三	北	七八	〇七 四〇	五
外屏北增一	戌	一七	〇八 三六	北	〇七	二三 二二	六
奎宿四	戌	一七	二二 〇二	北	二三	〇〇 五六	四
天廐二	戌	一八	〇一 五〇	北	三二	二三 一一	五
螣蛇內增十二	戌	一八	一七 三五	北	四六	五五 三二	六
天倉四	戌	一八	二一 四七	南	二〇	二一 一九	三
奎宿一	戌	一八	五〇 一八	北	一五	五五 一九	四
奎宿六	戌	一九	〇四 四七	北	二七	〇八 二八	四
外屏四	戌	一九	三一 四〇	南	〇三	〇四 二五	五
右更西增五	戌	一九	四二 五五	北	〇一	五四 五二	六
奎宿二	戌	一七	〇一 二九	北	一七	三五 五一	四
天鈎南增十三	戌	一七	一四 二二	北	六四	三六 四八	六
天廐一	戌	一七	三六 四四	北	三三	二二 五三	四
奎宿五	戌	一八	一三 一四	北	二四	二〇 三五	三
天廐北增一	戌	一八	一九 三五	北	三五	四六 一二	六
奎宿內增九	戌	一八	二五 五八	北	一六	一九 三五	六
奎宿三	戌	一九	〇二 四六	北	二〇	三〇 四三	六
天鈎南增十四	戌	一九	一六 四四	北	六三	二四 四〇	六
天園六	戌	一九	三三 二七	南	五三	四四 五二	三
奎宿十六	戌	一九	五四 〇〇	北	一三	二一 〇八	五

星名	宮	黃道經度十度	黃道經度十分	黃道經度十秒	向	黃道緯度十度	黃道緯度十分	黃道緯度十秒	等
奎宿南增七	戌	二〇	〇二	五〇	北	一一	一八	〇九	六
奎宿內增十	戌	二〇	〇八	二四	北	一九	二九	三九	六
天廄南增三	戌	二〇	四一	一八	南	四六	一九	二七	六
奎宿十五	戌	二〇	五六	四三	北	一二	二五	二九	五
天廄三	戌	二一	一一	四二	南	四四	五二	二三	五
奎宿內增十六	戌	二一	一八	五六	北	二〇	五七	〇八	六
螣蛇北增十三	戌	二一	五一	四五	北	五六	四六	〇〇	六
天廄東增二	戌	二二	〇二	一七	南	四二	一四	三二	六
奎宿南增八	戌	二〇	〇三	二五	北	一二	二八	四六	六
天鈎六	戌	二〇	三九	三九	北	六五	四六	〇五	五
螣蛇南增十一	戌	二〇	五四	五二	北	四〇	二四	三三	五
天廄二	戌	二〇	〇九	〇八	南	三九	四一	一五	六
天鈎北增七	戌	二一	一五	一八	北	七〇	〇二	五五	六
天鈎北增八	戌	二一	三六	一三	北	六九	五七	二二	六
外屏五	戌	二一	五五	三七	南	〇四	四三	一二	五
天苑西增七	戌	二二	二二	〇〇	南	三四	一四	〇五	六

奎宿十四	戌	二二	五三 三一	北	一二	二九 ○二	五
右更西增四	戌	二二	五八 三八	北	○二	二八 ○五	六
天園南增三	戌	二三	○七 二五	南	五八	○二 三六	五
右更二	戌	二三	一四 二○	北	○五	二一 ○七	四
右更一	戌	二三	三○ 一二	北	○九	二二 ○三	五
天鈎南增十五	戌	二三	三八 四○	北	六二	○二 一○	六
天囷西增二	戌	二三	四八 五五	南	一三	三二 三四	六
天鈎南增十六	戌	二三	五一 四七	北	六二	○○ 三七	五
右更內增二	戌	二三	五六 三五	北	○四	二○ 四七	六
奎宿北增二十一	戌	二四	一六 四○	北	三三	二○ 四四	氣
奎宿北增二十二	戌	二二	五八 一三	北	三一	五一 三六	六
金魚四	戌	二三	○四 一七	南	八八	一四 二○	五
芻藁西增一	戌	二三	○八 三三	南	二一	二五 三五	六
右更三	戌	二三	二○ 一八	北	○一	五二 ○五	五
右更東增一	戌	二三	三七 二七	北	○九	二三 五八	六
奎宿內增十五	戌	二三	三八 四一	北	二三	○三 四七	五
螣蛇十四	戌	二三	五○ ○五	北	五四	三八 三二	六
外屏六	戌	二三	五六 一八	南	○七	五五 四五	五
右更四	戌	二四	○九 四○	南	○一	三八 五八	五
天園北增二	戌	二四	二六 五四	南	四九	○四 三七	六

星名	宮	黃道經度 十度	十分	十秒	黃道緯度 向	十度	十分	十秒	等
奎宿十	戌	二四	三一	三〇	北	二三	〇六	二三	五
奎宿十一	戌	二四	四三	二六	北	二〇	四二	一九	五
天鈎七	戌	二四	五〇	三五	北	六三	五七	一〇	六
天囷西增四	戌	二五	〇七	四四	南	一一	三九	五三	六
奎宿東增十三	戌	二五	一二	三二	北	二一	五九	〇六	六
奎宿八	戌	二五	三三	四五	北	二九	三九	二〇	四
天囷西增一	戌	二五	四一	〇一	南	一四	二九	一三	六
鈎蘘五	戌	二五	五四	三四	南	二二	一六	二八	六
右更五	戌	二四	三五	〇六	北	〇三	四〇	三二	六
奎宿內增十四	戌	二四	四九	一八	北	二三	四七	五一	六
天囷西增三	戌	二五	〇六	三二	南	一二	〇九	一三	六
奎宿十三	戌	二五	一二	一〇	北	一七	二六	五七	五
外屏內增十五	戌	二五	二七	〇五	南	〇八	三五	〇五	六
奎宿七	戌	二五	三三	五二	北	三二	三三	一二	四
外屏七	戌	二五	四七	二三	南	〇九	〇五	一〇	三
鈎蘘三	戌	二六	〇五	一三	南	一八	五八	五一	六

芻藁一	戌	二六	〇七一〇	南	二五	一五五〇	四
奎宿十二	戌	二六	一〇二一	北	一八	三九五三	六
天囷十三	戌	二六	三〇二〇	南	一四	五〇〇五	六
螣蛇十一	戌	二六	三五四一	北	四九	二四五〇	六
婁宿西增三	戌	二七	二一一八	北	五〇	七五〇三	六
螣蛇十三	戌	二七	三一三一	北	五二	三九五〇	五
閣道西增一	戌	二七	五一一八	北	三八	一九〇〇	六
芻藁北增二	戌	二七	五六一五	南	一五	五六三八	氣
婁宿東增二十	戌	二八	二〇二三	北	三一	四〇〇九	六
天苑八	戌	二八	二八五〇	南	三二	四六〇三	四
右更東增三	戌	二六	〇九四二	南	〇〇	二六三九	六
天囷十二	戌	二六	一三一六	南	一四	〇八〇三	六
天苑西增九	戌	二六	三一〇二	南	二八	三〇四八	四
奎宿九	戌	二六	四七四四	北	二五	五六一九	二
螣蛇十二	戌	二七	三一二四	北	五一	〇九一七	六
婁宿西增三	戌	二七	三三一五	北	〇九	〇一二六	六
天廚二	戌	二七	五四三五	北	八〇	五五一四	四
奎宿東增十六	戌	二八	〇九〇八	北	二七	四二一八	五
螣蛇北增十四	戌	二八	二七四九	北	五七	一〇一二	五
天苑內增八	戌	二八	二九三〇	南	三二	四六二〇	六

星名	黃道經度 宮	十度	十分	十秒	黃道緯度 向	十度	十分	十秒	等
閣道六	戌	二八	五五	二五	北	三九	一七	四五	六
婁宿北增四	戌	二九	〇七	五二	北	一一	二四	〇八	六
天囷十一	戌	二九	二一	〇四	南	一四	一四	〇一	六
天苑西增六	戌	二九	二五	五〇	南	八三	四三	四八	六
天鈎八	戌	二九	四三	三〇	北	六二	三六	五〇	四
天囷內增五	戌	二九	四四	四二	南	一三	〇〇	五六	六
閣道北增二	戌	二九	五五	〇四	北	四一	二五	五〇	六
芻藁二	戌	二九	五八	五八	南	二一	五〇	三六	六

星名	黃道經度 宮	十度	十分	十秒	黃道緯度 向	十度	十分	十秒	等
天苑九	戌	二九	〇二	四一	南	三五	三二	四四	四
天廚三	戌	二九	一六	四〇	北	七九	二七	四〇	五
芻藁四	戌	二九	二二	三六	南	一六	一五	一二	六
婁宿二	戌	二九	三六	〇〇	北	〇七	〇八	五八	四
天苑西增五	戌	二九	四四	二三	南	三八	三三	一六	六
芻藁六	戌	二九	四五	一五	南	二六	〇〇	二五	三
閣道南增一	戌	二九	五五	五七	北	〇五	二六	一二	五
天囷西增六	酉	〇〇	〇〇	〇五	南	〇四	二四	三八	六

天苑七	酉	〇〇	〇九五三	南	二八	一六三二	三
奎宿東增十八	酉	〇〇	一一二七	北	三一	四一四〇	六
芻藁東增五	酉	〇〇	一九三四	南	二一	五五四四	六
婁宿一	酉	〇〇	二二五九	北	〇八	二八一六	三
天囷五	酉	〇〇	二七三六	南	〇四	一七〇五	四
奎宿東增十七	酉	〇〇	三九二九	北	二六	三九〇三	六
奎宿東增十九	酉	〇〇	四三一六	北	三三	三三一三	五
奎宿東增十二	酉	〇〇	五〇一七	北	一七	三九〇八	六
天苑南增四	酉	〇〇	五六一四	南	四四	四五〇一	三
天苑南增三	酉	〇〇	五六五一	南	四四	四四三二	四
王良五	酉	〇一	〇七二三	北	四五	三八五〇	五
天苑十	酉	〇一	一〇〇〇	南	三九	〇〇〇一	三
天園南增四	酉	〇一	二〇四三	南	五七	〇四四八	五
閣道五	酉	〇一	二六五〇	北	四一	一六〇五	五
附路	酉	〇一	三二三八	北	四四	四二一三	四
王良一	酉	〇一	三三〇六	北	五一	一三五〇	二
芻藁東增三	酉	〇一	四〇三七	南	一七	四九〇一	六
天囷十	酉	〇一	四四一九	南	一五	一二一五	五
王良北增一	酉	〇一	五四四〇	北	五五	〇七四五	六
上衞東增一	酉	〇二	〇二五三	北	七一	〇九〇〇	三

星名	黃道經度宮	經度十度	經度十分	經度十秒	黃道緯度向	緯度十度	緯度十分	緯度十秒	等
婁宿北增五	酉	〇二	〇七	一五	北	一〇	四七	四七	五
婁宿南增十五	酉	〇二	三四	五〇	北	〇一	四六	二五	六
金魚一	酉	〇二	五八	三八	南	七〇	一二	二八	四
婁宿南增十四	酉	〇三	二八	四九	北	〇五	五六	五八	六
天囷北增七	酉	〇三	四五	四九	南	〇三	三三	三一	六
天囷九	酉	〇三	五九	二六	南	一四	二九	五七	三
婁宿三	酉	〇四	〇四	一八	北	〇九	五七	一二	二
婁宿北增七	酉	〇四	一一	一四	北	一二	三一	五二	六

星名	黃道經度宮	經度十度	經度十分	經度十秒	黃道緯度向	緯度十度	緯度十分	緯度十秒	等
芻藁東增四	酉	〇二	一七	五五	南	一七	五二	四三	六
軍南門	酉	〇二	五三	〇一	北	三六	二〇	二一	五
婁宿北增六	酉	〇三	一五	五一	北	一六	四八	二三	四
婁宿南增十一	酉	〇三	四〇	〇八	北	〇九	一三	二九	五
天囷六	酉	〇三	五二	三五	南	〇五	五三	〇七	四
天囷南增二十	酉	〇四	〇三	三九	南	一五	三五	三九	六
天大將軍西增一	酉	〇四	一〇	四四	北	三三	四七	五〇	四
王良北增三	酉	〇四	一三	五九	北	五三	五七	一〇	六

王良四	酉	〇四	一五二三	北	四六	三五五三	三	天大將軍西增二	酉	〇四	一八四四	北	三三	四七五〇	五
金魚二	酉	〇四	一九四一	南	七四	三八一一	三	婁宿南增十二	酉	〇四	三一五〇	北	〇七	二二四五	六
婁宿北增八	酉	〇四	四七一二	北	一二	〇四〇二	六	天囷七	酉	〇四	四八〇九	南	〇九	一二二六	四
上衞東增二	酉	〇四	五八四七	北	七〇	一六三〇	五	天大將軍六	酉	〇五	〇一二七	北	二八	五八二一	五
天苑六	酉	〇五	〇九五〇	南	二四	三三三八	三	天大將軍西增三	酉	〇五	一三四五	北	三三	一七三一	五
婁宿南增十三	酉	〇五	一七二五	北	〇五	四三三九	六	天園七	酉	〇五	一九〇八	南	五四	五〇一〇	四
天大將軍七	酉	〇五	二一〇一	北	二七	五四〇六	五	天大將軍西增四	酉	〇五	二一〇四	北	二六	二五一五	六
婁宿北增九	酉	〇五	二五四六	北	一二	〇五三二	六	天苑南增二	酉	〇五	五一三六	南	三九	〇八二八	六
天囷八	酉	〇五	五二〇三	南	一二	〇一二六	三	天鈎九	酉	〇六	二六五五	北	六一	二三四六	五
天苑十一	酉	〇六	三〇〇三	南	三八	三二一七	四	天大將軍四	酉	〇六	三四二七	北	三四	三〇五五	五

黃道 星名	經度 宮	度 十度	十分	十秒	緯度 向	十度	十分	十秒	等
王良三	酉	〇六	三七	五六	北	四七	〇四	一九	四
婁宿北增十	酉	〇六	四四	三八	北	一一	二七	四四	六
天苑北增十	酉	〇六	四七	四四	南	三二	四五	二〇	六
天大將軍五	酉	〇六	五六	二六	北	三一	二七	四三	六
天大將軍八	酉	〇六	五八	〇五	北	二三	三九	一三	六
天苑北增十一	酉	〇七	一一	三九	南	二三	五四	三七	五
天大將軍南增六	酉	〇七	三七	三五	北	一五	五九	〇二	六
天囷北增九	酉	〇七	五九	二二	南	〇四	四八	二九	六
王良內增四	酉	〇六	四四	一五	北	五二	〇一	二〇	六
天大將軍南增五	酉	〇六	四五	二五	北	一九	二八	〇〇	六
王良北增二	酉	〇六	四九	〇三	北	五五	一〇	〇六	六
天園八	酉	〇六	五六	四五	南	五五	三三	二二	四
天囷北增八	酉	〇七	〇五	〇七	南	〇二	四四	一二	六
天苑北增十二	酉	〇七	三七	〇九	南	二三	五七	一六	四
天大將軍內增十一	酉	〇七	五四	四〇	北	二七	〇四	〇八	氣
上衛東增三	酉	〇八	〇一	〇六	北	七〇	二二	〇七	五

天囷南增十九	酉	○八	○○四八	南	一八	二四三二	六
閣道四	酉	○八	二一九三	北	四三	一○五五	四
天囷南增十八	酉	○八	五一八六	南	一九	五一○○	六
胃宿西增一	酉	○八	三二一三	北	一三	二五六五	六
少衛西增四	酉	○八	一五○二	北	六八	二一○八	六
王良東增五	酉	○九	二○六四	北	四七	二三○二	六
傳舍一	酉	○九	三一○六	北	五九	五○三○	五
天大將軍南增七	酉	○九	四二○七	北	一八	一三二四	六
左更三	酉	○九	四四三八	南	○○	二三四六	六
天大將軍十	酉	○九	二五一五	北	一八	○五七六	四
天園九	酉	○八	三一九○	南	五四	○一一九	四
左更西增一	酉	○八	四一五六	北	○四	三四○一	六
天囷四	酉	○八	五一○九	南	○五	三三三五	四
天大將軍九	酉	○八	四四四四	北	二○	一三七四	四
天大將軍三	酉	○八	三五六三	北	三五	四二五三	五
王良二	酉	○九	一○九五	北	五二	四一○四	四
少衛西增三	酉	○九	三二三五	北	六八	五二五五	五
天大將軍內增九	酉	○九	四四一一	北	二三	一一一八	六
天大將軍十一	酉	○九	四五三四	北	一九	三二二一	五
天苑五	酉	一○	二一五四	南	二五	二五二七	三

星名	黃道經度 宮	十度	十分	十秒	黃道緯度 向	十度	十分	十秒	等
天苑內增十三	酉	一〇	二〇	一三	南	二六	一九	四六	六
策	酉	一〇	二四	〇五	北	四八	四七	五六	三
天苑十二	酉	一〇	三六	三二	南	三九	二八	一四	四
天大將軍一	酉	一〇	四〇	四四	北	二七	四六	〇七	二
胃宿西增二	酉	一〇	四四	三四	北	一四	一四	〇三	六
天囷內增十	酉	一〇	五〇	〇八	南	一二	二二	五五	六
少衛西增二	酉	一一	一一	四八	北	六九	二四	〇〇	五
天囷三	酉	一一	三〇	〇六	南	〇七	四九	一二	四

星名	黃道經度 宮	十度	十分	十秒	黃道緯度 向	十度	十分	十秒	等
天園北增五	酉	一〇	二三	三五	南	五三	一五	二六	五
左更一	酉	一〇	三三	三五	北	〇六	〇七	五六	六
天大將軍東增十	酉	一〇	三九	三二	北	二四	一三	二四	六
天囷一	酉	一〇	四四	一五	南	一三	三六	五九	二
左更二	酉	一〇	四四	五五	北	〇四	〇一	五六	六
天大將軍二	酉	一一	〇三	一三	北	三六	四九	一三	四
左更四	酉	一一	二〇	四六	南	〇一	一九	三七	六
左更五	酉	一一	三二	五二	北	〇一	〇六	一三	六

左更東增二	酉	一一	三七 三九	北	〇一	五六 一四	六
閣道內增三	酉	一一	五八 一六	北	四五	〇四 〇七	六
少衛西增一	酉	一二	二四 二七	北	六九	五五 〇〇	六
天大將軍東增十六	酉	一二	三七 〇一	北	三六	一八 三七	六
傳舍西增一	酉	一二	五四 二四	北	五五	〇一 四〇	六
天大將軍東增十五	酉	一二	五四 五六	北	三四	二六 〇一	六
左更東增五	酉	一三	一七 一一	北	〇一	二八 五八	六
左更東增四	酉	一三	一九 二四	北	〇一	一〇 〇三	六
傳舍二	酉	一三	三二 四七	北	五四	五九 四八	六
天苑十三	酉	一三	四九 一五	南	四一	五三 〇九	四

天囷南增十七	酉	一一	四七 一三	南	一八	二五 四二	六
天園南增六	酉	一二	一二 〇八	南	六一	四三 四三	四
胃宿西增五	酉	一二	三三 〇一	北	一〇	五一 五二	五
天苑內增一	酉	一二	五三 五七	南	三五	四〇 一五	五
左更東增三	酉	一二	五四 三二	北	〇〇	五八 三七	六
天囷南增十六	酉	一三	一六 三五	南	一八	三三 四二	六
天大將軍東增十二	酉	一三	一七 二〇	北	二八	五二 三五	六
胃宿一	酉	一三	二〇 四七	北	一一	一七 一三	四
天苑十四	酉	一三	四五 五二	南	四二	三四 三二	五
天大將軍東增八	酉	一三	五三 二八	北	二〇	〇〇 三七	六

星名	黃道經度 宮	度	十分	十秒	黃道緯度 向	度	十分	十秒	等
少衛西增五	酉	一四	〇九	二〇	北	六七	〇〇	一〇	六
閣道三	酉	一四	二二	一五	北	四六	二三	二六	三
左更東增六	酉	一四	二七	〇八	北	〇三	三四	三七	六
天苑四	酉	一四	四〇	二四	南	二七	四六	三〇	三
胃宿二	酉	一四	四五	五五	北	一二	二八	〇八	四
左更東增七	酉	一四	五五	〇九	北	〇四	〇八	〇一	五
天苑北增十四	酉	一五	一五	二〇	南	二三	二二	二七	四
天苑十五	酉	一五	一六	二〇	南	四三	四〇	五〇	四
少衛西增六	酉	一四	一八	〇六	北	六六	五六	四〇	六
御女西增一	酉	一四	二三	三〇	北	七九	〇四	五〇	六
胃宿三	酉	一四	三六	四五	北	一〇	二五	三七	三
天囷南增十一	酉	一四	四二	五八	南	一四	二九	二一	五
閣道南增四	酉	一四	五三	〇五	北	四四	五八	五五	六
大陵北增四	酉	一五	〇四	一三	北	四〇	一三	一六	六
天囷二	酉	一五	一五	二五	南	一四	一八	二五	四
傳舍三	酉	一五	四〇	〇六	北	五一	三九	二〇	六

天大將軍東增三十	酉	一五	四九 一九	北	三一	二二 二八	六
天陰西增一	酉	一六	一五 四八	北	〇一	〇五 三九	六
大陵西增六	酉	一六	二九 五七	北	三五	〇九 三四	六
少弼	酉	一六	五三 〇五	北	八三	一一 三〇	四
天苑三	酉	一七	一五 五六	南	二八	四六 一六	三
閣道南增五	酉	一七	一六 五五	北	四五	三〇 一六	六
大陵南增十六	酉	一七	二一 三五	北	一七	四六 〇八	五
上衛	酉	一七	二三 〇八	北	七五	一八 四五	五
天苑十六	酉	一七	二三 三七	南	四三	三〇 四四	四
天廩四	酉	一七	三四 三六	南	〇九	二一 四七	四
天大將軍東增四十	酉	一六	一二 四八	北	三三	四八 三六	六
大陵北增五	酉	一六	二四 一〇	北	三八	五七 三六	六
傳舍四	酉	一六	三一 一二	北	五一	一三 五〇	六
天陰四	酉	一七	一五 一八	北	〇一	四七 三四	四
大陵八	酉	一七	一六 五三	北	三三	一三 〇六	六
天苑北增十五	酉	一七	一九 一四	南	二四	二五 二〇	六
天苑二	酉	一七	二二 二八	南	三一	〇九 一五	四
大陵西增七	酉	一七	二三 三一	北	三三	四九 三一	六
胃宿東增四	酉	一七	二四 二〇	北	〇七	二九 〇五	六
胃宿東增三	酉	一七	三六 〇八	北	一四	二四 四七	四

星名	黃道經度 宮	度	十分	十秒	黃道緯度 向	度	十分	十秒	等
天苑北增十六	酉	一七	五一	三七	南	二四	〇八	一八	五
大陵七	酉	一八	一四	一三	北	二〇	五五	三二	四
天陰二	酉	一八	二一	三四	北	〇二	五一	一九	五
大陵西增九	酉	一八	三七	一九	北	三三	三八	五〇	五
大陵西增十	酉	一八	四九	四一	北	三三	四七	三五	六
大陵內增十五	酉	一八	五三	一一	北	二〇	四四	四三	六
天廪二	酉	一九	二九	五八	南	〇七	二八	二九	六
大陵北增三	酉	一九	四六	二七	北	四一	一二	二三	六
大陵西增八	酉	一七	五六	五八	北	三三	二八	二七	六
天廪三	酉	一八	一八	四三	南	〇八	四九	四八	四
天囷東增十五	酉	一八	二三	三八	南	一八	二七	四一	四
金魚三	酉	一八	四六	一九	南	八五	〇四	二二	四
天園十	酉	一八	五二	〇〇	南	五三	五八	五四	三
大陵內增十四	酉	一九	一〇	五七	北	二六	五七	二七	六
天廪南增一	酉	一九	三二	四一	南	〇九	三〇	二七	六
天囷東增十二	酉	一九	四八	〇八	南	一六	〇四	五七	六

大陵南增十七	酉	一九	五六 一〇	北	一八	〇五 〇〇	六
少衛	酉	一九	五九 四六	北	六五	三三 〇〇	五
天陰三	酉	二〇	三 四九	北	〇二	〇四 五六	六
天囷東增十三	酉	二〇	一五 五〇	南	一九	三八 三四	六
積尸	酉	二〇	一九 三五	北	二一	四二 一五	四
大陵北增一	酉	二〇	四一 四八	北	四〇	四三 二一	六
大陵北增二	酉	二〇	五七 三五	北	四一	〇三 二二	六
九州殊口西增三	酉	二一	〇三 一六	南	二四	四二 二五	六
閣道二	酉	二一	一一 四八	北	四七	三一 五〇	三
柱史北增一	酉	二一	一八 四八	北	八七	一七 五五	六
天囷東增十四	酉	一九	五六 三六	南	二〇	二七 一七	五
天廩一	酉	二〇	〇〇 一八	南	〇五	五七 一三	五
華蓋四	酉	二〇	一五 三六	北	五四	一三 四〇	六
天苑一	酉	二〇	一六 三四	南	三三	一三 三五	二
大陵一	酉	二〇	二九 四三	北	三八	五七 四一	六
天園十一	酉	二〇	五一 三〇	南	五四	三三 一五	五
九州殊口西增四	酉	二〇	〇一 二〇	南	五二	〇〇 三八	五
大陵內增十三	酉	二一	〇四 二三	北	三一	三六 三七	四
九州殊口西增五	酉	二一	一八 三七	南	二四	五九 四七	五
大陵六	酉	二一	一九 三二	北	二〇	三三 一三	四

星名	黃道經度 宮	十度	十分	十秒	黃道緯度 向	十度	十分	十秒	等
華蓋五	酉	二一	二四	四〇	北	五二	四九	五〇	五
御女一	酉	二一	二九	一〇	北	八〇	四〇	〇三	四
天廩南增二	酉	二一	五八	〇六	南	一三	三〇	〇六	六
大陵內增十二	酉	二二	一七	〇〇	北	三一	四八	一〇	六
天陰一	酉	二二	三一	五〇	南	〇〇	〇五	二〇	六
大陵南增十八	酉	二二	四六	四〇	北	二〇	五五	五八	五
昴宿西增二	酉	二三	三五	一二	北	〇五	〇二	四〇	六
畢宿西增一	酉	二三	四五	一五	南	〇八	四〇	三六	五
天陰北增二	酉	二一	二四	四五	北	〇五	五一	三九	六
天阿	酉	二一	四一	五四	北	〇八	四五	二五	六
九州殊口西增二	酉	二二	〇二	三八	南	二二	四五	四三	四
天陰五	酉	二二	一七	二八	北	〇二	五九	五七	六
大陵五	酉	二二	三五	四二	北	二二	二三	四七	二
華蓋六	酉	二三	一九	五三	北	五一	五〇	一二	六
畢宿西增二	酉	二三	三九	一七	南	一三	二二	五七	六
昴宿西增三	酉	二三	五一	一〇	北	〇三	四一	三七	六

大陵四	酉	二四	〇六 一二	北	二六	〇四 二一	五
天陰東增三	酉	二四	一五 四九	南	〇〇	〇〇 五〇	六
大陵二	酉	二四	二〇 三〇	北	三四	二〇 一二	五
天陰東增四	酉	二四	三五 二九	南	〇〇	〇七 一五	六
柱史北增二	酉	二五	〇三 二〇	北	八七	一八 五〇	六
昴宿北增一	酉	二五	一一 二四	北	〇五	三二 五一	六
九州殊口西增六	酉	二五	二五 二四	南	二七	二九 五六	六
大陵三	酉	二五	三二 一一	北	三	五六 二九	四
九州殊口一	酉	二五	四五 五〇	南	三	五七 二八	五
九州殊口二	酉	二五	五〇 五一	南	二七	三〇 〇〇	三
杠九	酉	二四	一三 四四	北	五四	一一 二〇	六
九州殊口西增一	酉	二四	一七 二四	南	二一	四七 二八	五
華蓋三	酉	二四	三〇 一七	北	五六	一〇 一三	五
大陵東增十一	酉	二四	三七 四〇	北	三四	一四 三二	六
天船一	酉	二五	一〇 二四	北	三七	二六 五〇	四
大陵東增二十	酉	二五	二三 四八	北	二四	四九 五二	六
昴宿南增四	酉	二五	三二 〇九	北	〇三	〇三 四三	六
華蓋七	酉	二五	三六 〇八	北	五一	三八 五〇	六
昴宿一	酉	二五	五〇 二一	北	〇四	〇九 〇五	五
卷舌西增一	酉	二五	五一 一二	北	一二	二二 三三	六

黃道經度 緯度

星名	宮	十度	十分	十秒	向	十度	十分	十秒	等
大陵東增十九	酉	二五	五二	五六	北	二三	五八	○四	六
杠八	酉	二五	五七	○四	北	五三	五二	一九	六
昴宿二	酉	二五	五九	四二	北	○四	二九	○二	五
傳舍五	酉	二六	○六	二四	北	四八	五三	○六	六
昴宿五	酉	二六	○七	三○	北	○三	五四	四七	五
昴宿三	酉	二六	一○	一六	北	○四	三一	三三	六
畢宿南增三	酉	二六	二○	○八	南	一四	二九	五○	四
昴宿六	酉	二六	二五	○八	北	○四	○○	三七	三

黃道經度 緯度

星名	宮	十度	十分	十秒	向	十度	十分	十秒	等
天囷十三	酉	二五	五三	二○	南	五○	五六	四三	四
少丞	酉	二五	五九	三○	北	五九	四一	一○	六
少丞北增一	酉	二六	○一	五四	北	五九	五三	四三	六
昴宿四	酉	二六	○六	三一	北	○四	二一	二五	五
天柱三	酉	二六	○八	二九	北	七六	三六	一○	六
天囷十二	酉	二六	一七	二一	南	五一	五一	○一	三
畢宿南增四	酉	二六	二二	五一	南	一五	○四	○二	六
天船二	酉	二六	二七	○七	北	三四	三○	○五	三

少衛東增八	酉	二六	三三三五	北	六四	三六三〇	三	天柱二	酉	二六	三三五四	北	七二	三五二〇	五
昴宿七	酉	二六	四六五二	北	〇三	五二三七	五	九州殊口內增七	酉	二六	五二四五	南	二八	一三〇三	五
畢宿八	酉	二七	〇二三一	南	〇七	五九五七	四	卷舌五	酉	二七	〇七五四	北	一二	二一三二	五
少衛東增七	酉	二七	二二三四	北	六八	二三〇四	六	卷舌六	酉	二七	三三五〇	北	一三	五二〇〇	六
天船西增一	酉	二七	三七四四	北	三〇	四二一二	六	天船西增二	酉	二七	三九四四	北	三〇	三三四二	五
華蓋二	酉	二八	〇八二七	北	五五	五八五一	六	昴宿東增五	酉	二八	一〇二一	北	〇一	五八三二	六
華蓋一	酉	二八	一一三〇	北	五五	二四四〇	六	畢宿南增五	酉	二八	一七五八	南	一五	二一一〇	六
杠七	酉	二八	二三二六	北	五三	一二〇七	五	天船三	酉	二八	三一〇四	北	三〇	〇五二〇	二
天船南增五	酉	二八	四八一五	北	二六	〇三四八	六	閣道一	酉	二八	四九〇〇	北	四八	五五〇九	五
天讒	酉	二八	五二四一	北	一二	五三一八	六	傳舍六	酉	二八	五五二一	北	四二	三一一七	五

星名	黃道經度 宮	度	分	秒	黃道緯度 向	度	分	秒	等
天船南增四	酉	二九	○二	四二	北	二八	○○	二五	五
天船內增三	酉	二九	一七	三五	北	二九	三○	三二	六
天柱內增二	酉	二九	三六	二二	北	七五	二八	三○	五
九州殊口三	酉	二九	四四	四七	南	二五	○一	○一	三
月	酉	二九	五二	一九	北	○一	一三	二○	五
月東增一	申	○○	○○	○○	北	○一	○八	○一	六
天船四	申	○○	一○	五六	北	二七	五五	一八	五
天街西增一	申	○○	二五	五二	南	○一	二三	五八	五
畢宿南增六	酉	二九	一七	○五	南	一三	一七	五五	六
卷舌四	酉	二九	三二	四四	北	一一	一七	五三	三
畢宿南增八	酉	二九	四○	三八	南	一一	四七	三九	六
杠六	酉	二九	四五	四三	北	五三	二四	一五	六
畢宿南增七	酉	二九	五九	一二	南	一二	一三	一七	四
杠五	申	○○	○○	五三	北	五四	二一	○四	四
卷舌一	申	○○	一五	二○	北	二二	○七	○二	四
九斿八	申	○一	○八	四一	南	四一	二五	○三	三

畢宿北增九	申	○一	一二	四三	南	○五	五○	一一	六
卷舌三	申	○一	二四	一五	北	一四	五四	○五	五
九斿西增四	申	○一	四一	一○	南	三六	○一	四八	三
九州殊口內增八	申	○一	四五	三一	南	二九	五三	五二	四
天節三	申	○一	五八	三一	南	○七	二○	三二	六
礪石二	申	○二	○四	三二	北	○五	一六	四一	六
天節八	申	○二	○九	五七	南	一二	○一	二一	五
畢宿南增十	申	○二	一八	一二	南	○六	一九	五七	六
杠四	申	○二	三六	一八	北	五五	五六	四五	五
傳舍八	申	○二	四一	五八	北	三八	二六	四三	五
天船五	申	○一	一四	○六	北	二七	一五	二二	三
傳舍九	申	○一	二七	三六	北	三五	一○	四七	五
礪石一	申	○一	四二	二五	北	○七	五四	三八	五
九州殊口內增九	申	○一	五七	三八	南	二八	二四	五○	五
九斿西增一	申	○二	○○	一五	南	二○	一一	二七	五
卷舌二	申	○二	○六	二五	北	一九	○四	五三	三
畢宿四	申	○二	一二	三四	南	○五	四六	二二	三
天街二	申	○二	二八	四○	南	○○	四七	二六	六
九斿西增二	申	○二	三八	二四	南	二一	四三	五三	五
傳舍七	申	○三	一二	五五	北	三九	三二	二三	五

星名	黃道經度 宮	十度	十分	十秒	黃道緯度 向	十度	十分	十秒	等
九州殊口四	申	〇三	一四	一五	南	二五	〇八	三九	四
畢宿三	申	〇三	一六	二七	南	〇四	〇〇	三四	四
卷舌東增四	申	〇三	四一	四九	北	一六	二六	二六	六
九州殊口北增十	申	〇三	四四	〇三	南	二四	二〇	三七	四
卷舌東增五	申	〇三	四八	四四	北	一六	四四	二四	六
畢宿二	申	〇三	五六	四二	南	〇三	四三	二七	五
杠內增一	申	〇三	五八	五一	北	五三	一五	三〇	五
上丞	申	〇四	一七	一四	北	四五	一〇	五六	五

星名	黃道經度 宮	十度	十分	十秒	黃道緯度 向	十度	十分	十秒	等
畢宿內增十一	申	〇三	一六	二四	南	〇四	四四	五八	六
畢宿內增十二	申	〇三	三二	一三	南	〇四	〇九	〇四	四
天節一	申	〇三	四一	五七	南	〇六	五六	五三	五
畢宿七	申	〇三	四七	一〇	南	〇六	〇二	四四	六
九斿七	申	〇三	五六	二五	南	三九	〇一	四九	五
天節四	申	〇三	五七	三一	南	〇八	四〇	三二	五
杠三	申	〇四	一三	一二	北	五七	一一	一〇	六
礪石四	申	〇四	一七	五九	北	〇五	四六	一二	五

九州殊口六	申	〇四	一八	一〇	南	三〇	四九	一八	六
畢宿六	申	〇四	二一	二五	南	〇五	四七	一六	五
畢宿南增十三	申	〇四	二一	五一	南	〇五	五二	五五	五
積水西增一	申	〇四	三一	四七	北	二九	三二	五三	五
天街一	申	〇四	三六	三七	北	〇〇	二九	四六	五
九斿六	申	〇四	五二	四六	南	三八	二四	二〇	六
天街北增三	申	〇四	五四	四二	北	〇一	〇四	〇六	五
天節七	申	〇五	一二	一〇	南	一一	四六	四五	五
天節二	申	〇五	二七	〇七	南	〇七	〇五	〇六	五
卷舌東增六	申	〇五	三四	三〇	北	一八	五三	二〇	五
九斿一	申	〇四	二〇	三五	南	二〇	五四	〇六	五
九斿西增五	申	〇四	二一	三八	南	三八	二七	一三	六
九州殊口五	申	〇四	三〇	五八	南	三〇	二八	二一	六
礪石三	申	〇四	三一	五六	北	〇三	五八	四一	五
天街北增二	申	〇四	三六	五三	北	〇〇	三五	二一	五
畢宿一	申	〇四	五三	一一	南	〇二	三五	五八	三
天街北增四	申	〇五	一〇	一八	北	〇一	一二	三六	六
五帝內座北增二	申	〇五	二二	一二	北	六一	三八	一〇	六
五帝內座二	申	〇五	三四	〇七	北	五八	〇六	五六	五
卷舌東增三	申	〇五	三六	一一	北	一二	五一	四九	六

星名	黃道經度 宮	度	分	秒	黃道緯度 向	度	分	秒	等
九斿二	申	○五	四五	五三	南	二四	二四	一三	四
天柱內增一	申	○五	五二	四○	北	七八	三九	一六	六
天節五	申	○六	○九	三○	南	○九	三二	三二	五
畢宿五	申	○六	一二	○○	南	○五	二九	四九	一
天節六	申	○六	三四	五八	南	○九	五五	一四	六
上丞東增二	申	○六	五三	○○	北	四三	○四	四四	五
天船七	申	○七	一四	○○	北	二六	四○	○九	四
九斿九	申	○七	二九	○二	南	四五	二○	一七	六
五帝內座內增一	申	○五	五○	一三	北	五八	○六	○○	六
天船六	申	○五	五五	五三	北	二六	一二	○七	五
積水	申	○六	一一	二二	北	二八	五○	五九	四
卷舌東增二	申	○六	二三	○六	北	一二	一七	四八	六
附耳南增一	申	○六	五二	一四	南	○六	一九	一九	六
附耳	申	○六	五四	五二	南	○六	一二	三五	五
九斿三	申	○七	二八	○三	南	二七	五○	四○	五
柱史	申	○七	四一	二八	北	八四	五○	四○	五

傳舍東增二	申	〇七	四六	一四	北	三九	二八	一八	六
天柱四	申	〇七	五二	二五	北	七九	〇〇	〇六	六
天船八	申	〇八	一〇	四九	北	二八	〇八	五一	五
上丞東增一	申	〇八	一九	〇四	北	四四	〇四	五四	五
九斿五	申	〇八	二六	〇〇	南	三五	〇四	五二	六
屏二	申	〇八	三〇	〇六	南	四五	〇〇	一八	四
諸王六	申	〇八	三四	二〇	北	〇〇	四〇	二三	五
參旗西增十一	申	〇八	四一	〇九	南	一九	五七	一五	六
參旗五	申	〇八	四五	五三	南	一三	三一	二〇	四
傳舍東增四	申	〇八	四八	三二	北	三七	三八	一〇	六
天柱內增三	申	〇七	五〇	〇〇	北	七二	四七	二〇	六
天船南增六	申	〇八	〇二	四七	北	二四	三四	五九	六
參旗六	申	〇八	一七	三九	南	一五	二五	三〇	四
上丞東增三	申	〇八	二三	五四	北	四一	二七	三〇	五
九斿東增三	申	〇八	二八	四六	南	二七	三〇	四九	六
參旗七	申	〇八	三一	〇〇	南	一六	四八	五五	四
天船九	申	〇八	三八	四六	北	三一	二六	〇〇	六
九斿四	申	〇八	四四	五一	南	三二	四九	一三	六
杠二	申	〇八	四七	四八	北	五三	二九	一八	六
天柱內增四	申	〇八	五一	四八	北	七二	三六	五〇	六

星名	黃道經度 宮	十度	十分	十秒	黃道緯度 向	十度	十分	十秒	等
參旗八	申	〇八	五四	四〇	南	二〇	〇二	四二	四
諸王北增一	申	〇九	〇八	〇八	北	〇一	四四	一一	六
參旗北增一	申	〇九	二六	二七	南	〇六	二八	〇〇	六
五車西增二	申	〇九	四〇	四六	北	二〇	四九	一〇	六
參旗九	申	〇九	五六	四二	南	二〇	五三	五一	四
五車西增三	申	一〇	〇一	二〇	北	一八	五八	〇〇	五
天高二	申	一〇	〇九	五八	南	〇三	四〇	三五	六
天柱一	申	一〇	五一	二〇	北	七一	三三	四六	五
勾陳西增一	申	〇九	〇七	三〇	北	六七	四五	〇〇	六
御女二	申	〇九	一二	〇二	北	八〇	二四	二五	四
玉井二	申	〇九	三八	〇二	南	二九	四八	三〇	五
參旗一	申	〇九	五四	一五	南	〇八	一六	〇七	四
參旗四	申	〇九	五九	五五	南	一二	二四	〇二	六
參旗三	申	一〇	〇七	一一	南	一一	〇九	一七	六
參旗二	申	一〇	四五	三四	南	〇九	〇六	三一	四
傳舍東增三	申	一〇	五二	〇八	北	三九	三四	〇七	六

杠一	申	一 一	五〇 六一	北	四 九	四三 〇三	五
玉井北增一	申	一 一	一二 八六	南	二 七	五一 六六	六
五車西增一	申	一 一	〇三 五三	北	二 〇	〇五 二三	六
玉井三	申	一 一	二四 〇二	南	二 七	四五 八三	三
屏一	申	一 一	三四 五九	南	三 九	二〇 八五	四
玉井北增二	申	一 二	四〇 〇〇	南	二 七	五一 〇七	六
五車西增七	申	一 二	二〇 二七	北	一 四	三五 五二	五
勾陳六	申	一 二	四一 五二	北	六 七	四三 〇〇	六
軍井二	申	一 二	四二 三〇	南	三 五	二五 五〇	五
五車西增八	申	一 二	四三 五四	北	一 四	四〇 七一	五
天船東增九	申	一 一	五〇 〇五	北	三 一	一三 一四	六
參旗北增二	申	一 一	五二 八六	南	〇 六	〇一 六九	六
玉井一	申	一 一	五三 五七	南	三 一	一三 〇四	四
五帝內座四	申	一 一	三四 四八	北	五 六	五〇 三五	六
參旗北增三	申	一 一	二五 八一	南	〇 六	〇三 〇九	六
五帝內座一	申	一 二	三〇 二三	北	五 七	二四 七七	六
軍井一	申	一 二	二一 〇二	南	三 四	三四 九五	五
諸王五	申	一 二	二二 四〇	北	〇 〇	二五 九〇	六
諸王北增二	申	一 二	五二 八五	北	〇 二	〇一 三九	六
天船東增七	申	一 二	五三 九六	北	三 〇	五三 〇三	六

星名	黃道經度 宮	十度	十分	十秒	黃道緯度 向	十度	十分	十秒	等
天船東增八	申	一二	四二	〇八	北	三〇	五七	〇五	五
五帝內座三	申	一二	四三	一〇	北	六〇	二四	二三	六
御女四	申	一三	〇一	五七	北	八三	三一	二〇	四
參旗東增十	申	一三	〇五	四五	南	一四	二二	三七	五
參旗東增八	申	一三	〇九	四七	南	一三	二二	五一	六
參宿七	申	一三	一五	〇〇	南	三一	一〇	一一	一
參旗東增七	申	一三	三六	五八	南	一三	〇五	三四	六
參宿西增九	申	一三	五八	四八	南	二〇	〇七	二四	四
少衛西增一	申	一二	四二	四一	北	四二	四九	二八	六
參旗北增四	申	一二	五六	五六	南	〇七	二五	五五	五
五車一	申	一三	〇四	三三	北	一〇	二四	五三	四
參旗東增九	申	一三	〇六	三二	南	一三	三二	二〇	六
天高一	申	一三	一二	三六	南	〇一	一四	三四	四
玉井四	申	一三	一五	二六	南	二九	五二	五二	四
天高南增一	申	一三	五四	一八	南	〇四	一六	〇八	六
五車西增六	申	一四	〇三	四一	北	一五	〇四	〇〇	五

天高內增二	申	一四	五一 五一	南	○二	五三 九○	六
軍井三	申	一四	四一 七二	南	三六	五一 九三	四
天高三	申	一四	五二 二三	南	○三	三○ 四五	六
諸王四	申	一四	二二 九六	北	○一	四四 二二	六
五車西增四	申	一四	三二 五九	北	一六	○四 六八	六
柱二	申	一五	五○ 八三	北	一八	一一 ○○	四
柱一	申	一五	一一 ○六	北	二○	二五 四四	四
參旗東增六	申	一五	二二 六七	南	一一	四四 四三	五
八穀西增三	申	一五	四三 ○四	北	三二	一二 四三	六
柱三	申	一五	五五 二一	北	一八	一一 四五	四
參旗北增五	申	一四	三一 四二	南	○七	三二 二一	五
天高內增三	申	一四	二二 ○○	南	○一	○一 六四	六
軍井四	申	一四	三二 二五	南	三五	一二 ○三	五
五車西增五	申	一四	四二 七六	北	一六	二三 三二	六
八穀西增一	申	一四	五三 一九	北	三四	三○ 四一	六
丈人二	申	一五	三○ 七八	南	五八	三三 四八	四
軍井東增一	申	一五	五一 二九	南	三七	四○ 二三	六
參宿西增八	申	一五	四三 二一	南	二○	○三 一○	六
八穀五	申	一五	五四 三三	北	三○	○五 六一	五
八穀西增二	申	一五	一五 四七	北	三二	一五 五五	六

星名	黃道經度 宮	十度	十分	十秒	黃道緯度 向	十度	十分	十秒	等
參宿西增五	申	一五	五八	三六	南	二三	三一	一九	五
廁二	申	一六	〇七	二五	南	四三	五七	二四	三
參宿西增三	申	一六	三四	四七	南	二五	三四	四七	三
參宿西增六	申	一六	五五	四六	南	二一	四〇	四四	六
參宿西增七	申	一六	五七	二六	南	二一	二一	〇七	五
天潢五	申	一七	〇〇	一六	北	一五	二三	一八	五
八穀南增四	申	一七	〇五	〇四	北	二八	三三	二九	六
八穀六	申	一七	一一	五一	北	二九	二四	五〇	四
參宿內增三十七	申	一五	五八	四七	南	三〇	五七	四四	五
參宿西增十	申	一六	三三	四二	南	一九	三七	三九	六
參宿西增四	申	一六	四〇	四九	南	二四	〇五	二四	六
天潢三	申	一六	五五	五三	北	〇九	三四	〇六	六
天高四	申	一六	五九	五八	南	〇一	〇三	〇三	六
廁內增一	申	一七	〇三	一四	南	四四	〇六	五〇	六
天皇大帝	申	一七	〇九	一五	北	六八	〇一	四一	六
少衛	申	一七	一九	四二	北	四三	二〇	二八	五

參宿五	申	一七	三二 三二	南	一六	三五 ○一	二
參宿西增十一	申	一七	五三 ○五	南	二○	一○ 八八	五
八穀北增十四	申	一七	一四 三一	北	三七	五二 二三	四
八穀七	申	一七	一五 九五	北	三五	三五 三三	五
勾陳五	申	一七	四五 五六	北	六五	一一 ○○	六
參宿內增	申	一八	二○ 二八	南	二四	二二 九一	六
天關南增一	申	一八	四一 四四	南	○六	○三 二三	六
五帝內座五	申	一八	○一 ○七	北	五七	四五 ○七	六
參宿內增三十六	申	一八	○一 五九	南	三○	一三 二五	四
參宿內增十二	申	一八	一四 ○六	南	二○	○○ 九○	六
天潢內增一	申	一七	一三 七四	北	一○	二一 ○三	六
天潢內增二	申	一七	○三 四八	北	一○	四三 四五	六
廁一	申	一七	四四 七九	南	四一	二○ 八六	三
八穀北增十三	申	一七	三五 五六	北	三五	二五 一六	六
天潢一	申	一八	二○ 三○	北	一○	○四 二六	六
咸池三	申	一八	五一 四三	北	一六	三五 九八	五
五車二	申	一八	四一 一六	北	二三	四五 八一	一
五車北增十八	申	一八	三一 五七	北	二三	○一 八五	六
丈人一	申	一八	四三 四五	南	五七	四二 一三	二
參宿三	申	一八	三四 八六	南	二三	○三 七六	二

星名	宮	黃道經度 十度	十分	十秒	黃道緯度 向	十度	十分	十秒	等
參宿內增十三	申	一八	四七	五○	南	一七	二○	二五	五
咸池一	申	一八	五五	五八	北	一八	三四	二三	六
老人西增四	申	一九	○五	○○	南	七四	二七	三○	四
伐西增二	申	一九	二二	五八	南	二八	四二	四五	六
伐二	申	一九	二四	五○	南	二八	四四	二三	四
諸王三	申	一九	二七	五六	北	○一	五一	一四	六
八穀四	申	一九	三三	四八	北	三九	二九	二九	五
天潢二	申	一九	三八	四○	北	一一	一○	五○	五

星名	宮	黃道經度 十度	十分	十秒	黃道緯度 向	十度	十分	十秒	等
天高東增四	申	一八	五五	○六	南	○一	二○	一二	五
五車五	申	一八	五八	五六	北	○五	二一	三四	二
天潢四	申	一九	一一	四八	北	一四	○七	三一	五
伐三	申	一九	二四	一七	南	二九	一四	三七	三
伐一	申	一九	二七	一一	南	二八	一○	一七	五
伐東增一	申	一九	三一	四八	南	二八	一○	四五	五
參宿內增十四	申	一九	三六	○六	南	一九	二四	一○	六
勾陳內增二	申	一九	四二	○五	北	六六	四七	五五	六

參宿二	申	一九	四五 四二	南	二四	二三 三三	二
觜宿二	申	二〇	五〇 一〇	南	一三	一五 九一	五
參宿內增三十五	申	二〇	二二 五〇	南	三〇	五三 〇四	五
觜宿三	申	二〇	二三 八一	南	一四	五 八二	五
廁南增二	申	二〇	〇三 〇五	南	四五	四四 六六	六
諸王南增三	申	二〇	五四 五八	北	〇〇	三四 二〇	六
咸池二	申	二〇	二五 三九	北	一六	〇二 三〇	五
六甲南增一	申	二一	五〇 五九	北	五〇	三三 八四	六
天關	申	二一	二一 八二	南	〇二	二一 一四	三
六甲五	申	二一	五二 五七	北	五七	五五 〇三	六
八穀內增十二	申	一九	四五 一五	北	三四	二五 八二	六
觜宿一	申	二〇	一〇 八七	南	一三	〇二 二五	四
參宿內增一	申	二〇	四三 一〇	南	二五	四五 七八	四
八穀內增十一	申	二〇	三三 〇一	北	三四	三一 五五	六
柱七	申	二〇	二三 〇五	北	〇八	四五 三〇	五
參宿內增十五	申	二〇	三五 六四	南	一九	〇一 三六	五
參宿一	申	二一	四〇 五六	南	二五	一二 七〇	二
屎	申	二一	二一 六〇	南	五五	二四 六二	六
廁三	申	二一	二二 〇一	南	四五	五四 八九	三
參宿內增十六	申	二一	四四 九三	南	二一	一五 二六	五

星名	黃道經度 宮	十度	十分	十秒	黃道緯度 向	十度	十分	十秒	等
柱八	申	二一	四七	四六	北	〇七	〇五	二四	六
天關南增二	申	二一	五四	二八	南	〇六	五三	四三	六
柱九	申	二二	一七	〇〇	北	〇六	四二	二五	六
廁北增七	申	二二	二四	五二	南	三八	一五	三〇	四
天關南增三	申	二二	四四	二三	南	〇七	二〇	五七	六
子二	申	二二	四九	五六	南	五九	一五	三一	三
天關南增四	申	二三	一二	〇一	南	〇七	三八	〇一	六
水府西增二	申	二三	一七	一六	南	〇八	五七	三九	六

星名	黃道經度 宮	十度	十分	十秒	黃道緯度 向	十度	十分	十秒	等
諸王二	申	二一	五一	〇七	北	〇二	二九	二三	四
八穀內增十	申	二一	五七	三八	北	三三	五二	〇七	六
天關南增六	申	二二	二一	五四	南	〇四	二五	五四	六
勾陳內增三	申	二二	二八	三七	北	六五	四二	五四	六
參宿六	申	二二	四八	四一	南	三三	〇七	〇六	三
八穀北增十五	申	二三	一一	〇二	北	四〇	四五	一〇	六
六甲六	申	二三	一六	四〇	北	五五	五〇	四〇	五
參宿內增十七	申	二三	一七	三七	南	一六	五九	五五	六

水府西增一	申	二三	四二 四三	南	〇九	二三 八三	六
八穀北增十六	申	二三	三三 八〇	北	三八	二三	六
八穀內增九	申	二三	〇三 二九	北	三三	三〇 五八	六
參宿東增三十四	申	二三	三五 二四	南	三〇	五五 八八	六
諸王南增四	申	二三	〇五 三五	北	〇一	三〇 一六	四
水府西增三	申	二四	四〇 八四	南	〇九	三〇 七九	六
柱六	申	二四	二一 四五	北	一五	四四 一三	五
參宿東增二十二	申	二四	一二 〇三	南	二一	五三 四七	六
水府西增五	申	二四	五三 四一	南	〇九	一三 三一	六
柱五	申	二四	三四 五二	北	一五	〇四 七一	五
天關南增五	申	二三	二二 二四	南	〇五	二四 三三	六
廁四	申	二三	〇三 九六	南	四四	一一 九七	三
子一	申	二三	二四 三七	南	五七	〇一 六六	四
五車北增十七	申	二三	五五 五四	北	二六	三二 九二	六
八穀北增十七	申	二四	二〇 八二	北	三八	一〇 八一	六
八穀三	申	二四	二一 三二	北	三二	五三 七九	五
八穀內增八	申	二四	五一 四八	北	三三	一二 〇八	六
水府西增四	申	二四	二三 九一	南	〇九	〇一 二八	六
柱四	申	二四	三三 八五	北	一三	三五 三〇	六
八穀內增七	申	二四	三五 七三	北	三三	〇二 三七	五

星名	宮	黃道經度 十度	十分	十秒	向	黃道緯度 十度	十分	十秒	等
諸王一	申	二四	五五	三七	北	〇四	一八	一五	五
司怪四	申	二五	〇七	二三	南	〇三	一一	四四	五
八穀內增十八	申	二五	一三	〇八	北	三五	二九	四二	六
廁北六增	申	二五	二〇	四八	南	三七	三九	二七	四
八穀內六增	申	二五	三五	〇五	北	三二	一三	三二	六
八穀八	申	二五	三九	三一	北	三六	二四	四〇	五
參宿東增二十一	申	二五	五九	一〇	南	二一	三八	五〇	六
參宿東增二十三	申	二六	〇五	四一	南	二六	五六	〇四	六
勾陳一	申	二四	五九	四三	北	六六	〇四	一〇	二
參宿四	申	二五	一〇	〇〇	南	一六	〇四	二六	一
司怪南增三	申	二五	一四	一三	南	〇三	四四	〇一	六
子東增一	申	二五	二八	〇九	南	五八	四四	三一	五
八穀二	申	二五	三五	二七	北	三二	三〇	五〇	五
司怪一	申	二五	五七	二八	北	〇二	二八	〇五	五
老人北增三	申	二六	〇五	〇四	南	六六	一六	三〇	五
參宿東增三十三	申	二六	〇六	三二	南	三二	五一	五〇	六

參宿東增三十二	申	二六	〇七二〇	南	三三	〇二一〇	六
五車三	申	二六	二〇三一	北	二一	二八二一	二
五車四	申	二六	二一四五	北	一三	四四一九	四
五車北增十六	申	二六	二五一二	北	二二	二七五二	六
天柱東增五	申	二六	三〇三八	北	七六	二八〇〇	五
五車北增十五	申	二六	三七二五	北	二四	二五二一	六
參宿東增三十一	申	二六	五六三五	南	三四	〇四三九	六
五車東增十	申	二七	〇四〇九	北	一九	三一四八	六
司怪二	申	二七	二二二四	南	〇〇	一二一九	四
勾陳二	申	二七	三四三〇	北	六九	五四一〇	三
勾陳內增五	申	二六	一〇二七	北	六七	二八三五	六
八穀一	申	二六	二一二三	北	三〇	四九〇二	四
八穀東增五	申	二六	二三二八	北	三一	五一〇四	六
天柱五	申	二六	二九〇五	北	七六	三一五〇	五
司怪內增一	申	二六	三一三五	南	〇〇	三五〇三	六
司怪內增二	申	二六	四八四〇	南	〇一	〇四四三	六
參宿北增十八	申	二七	〇一〇五	南	一三	五〇〇一	四
參宿東增十九	申	二七	〇六三八	南	一八	〇二五六	六
五車東增十一	申	二七	二五〇六	北	一九	三一一四	六
參宿東增二十	申	二七	四四〇〇	南	一九	一九一八	六

星名	黄道經度 宮	度	分	秒	黄道緯度 向	度	分	秒	等
五車東增九	申	二七	四五	〇五	北	一五	〇〇	五九	六
司怪南增四	申	二七	五六	四〇	南	〇三	四八	三一	六
八穀東增十九	申	二八	〇一	三〇	北	三五	二八	〇〇	五
上衞西增一	申	二八	一三	二八	北	四二	一五	一七	六
廁北增五	申	二八	二二	三四	南	三八	二四	二六	四
八穀東增二十	申	二八	五二	〇九	北	三六	三三	二〇	六
廁東增三	申	二八	五四	五〇	南	四二	三八	二三	六
勾陳南增四	申	二九	〇三	三七	北	六三	四八	〇〇	六

星名	黄道經度 宮	度	分	秒	黄道緯度 向	度	分	秒	等
勾陳東增六	申	二七	五一	二三	北	六九	三四	二五	六
廁北增四	申	二八	〇〇	一三	南	三九	五七	三五	六
司怪三	申	二八	〇三	二五	南	〇三	二一	三三	五
水府一	申	一八	一六	一七	南	〇八	四二	一六	四
五車東增十四	申	二八	三三	四二	北	二五	一五	三二	六
參宿東增三十	申	二八	五三	三九	南	三四	三六	二六	六
上衞西增二	申	二八	五五	〇七	北	四五	五八	二六	五
八穀東增二十一	申	二九	〇九	四二	北	三八	〇四	三〇	五

司怪東增五	申	二九	一五二五	南	○三	三九五九	六
水府四	申	二九	一九一四	南	○七	一九三○	六
八穀東增二十六	申	二九	三二五五	北	三五	三四三○	四
井宿北增一	申	二九	四七四○	北	○六	○四四七	四
五車東增十二	申	二九	五○五二	北	二二	五六三四	六
八穀東增二十五	申	二九	五五二二	北	三五	五七三四	六
司怪東增六	申	二九	五七一○	南	○四	一六○二	六
水府二	申	二九	一九○一	南	○九	一四四九	四
孫二	申	二九	二八四九	南	六○	四一四二	五
五車東增十三	申	二九	四三○二	北	二二	五九三二	六
八穀東增二十二	申	二九	四八一八	北	三八	二○五二	六
鉞	申	二九	五一三三	南	○○	四六○○	四
天柱北增六	申	二九	五六○○	北	七九	二七五○	六

清史稿卷三十二

志七

天文七

乾隆甲子年恆星黃道經緯度表二

黃道鶉首未宮迄鶉尾巳宮，凡七百九十二星，如左：

星名	黃道經度 宮	十度	十分	十秒	黃道緯度 向	十度	十分	十秒	等
女史	未	○○	○五	五八	北	八四	三○	一○	四
水府三	未	○○	○九	○九	南	○七	一七	三一	六
六甲一	未	○○	○六	四○	北	五六	一八	○三	六
八穀東增三十四	未	○○	一二	二三	北	三○	○二	五七	六

星名	黄道經度 宮	十度	十分	十秒	黄道緯度 向	十度	十分	十秒	等
鉞北增一	未	〇〇	一八	〇五	北	〇〇	一八	四八	六
水府南增七	未	〇〇	三〇	一二	南	一一	一〇	三〇	六
八穀東增二十七	未	〇〇	四三	二四	北	三五	〇二	三〇	六
座旗西增一	未	〇〇	五七	四〇	北	二五	五四	二〇	五
參宿東增二十九	未	〇一	三七	一四	南	三四	〇七	四〇	六
六甲四	未	〇二	〇一	二五	北	五九	二三	〇七	六
六甲二	未	〇二	〇三	四五	北	五三	四七	五〇	五
八穀東增二十三	未	〇二	〇九	三〇	北	三八	一二	三〇	六

星名	黄道經度 宮	十度	十分	十秒	黄道緯度 向	十度	十分	十秒	等
水府南增六	未	〇〇	一九	四九	南	一〇	五三	一三	六
參宿東增二十八	未	〇〇	三八	一四	南	二九	四二	〇〇	四
水府南增八	未	〇〇	四五	〇〇	南	一三	二八	二五	六
八穀東增二十八	未	〇一	二二	四五	北	三四	五〇	三六	六
井宿一	未	〇一	四三	一〇	南	〇〇	五一	二二	三
座旗西增二	未	〇二	〇二	五〇	北	二三	二〇	五四	六
參宿東增二十七	未	〇二	〇六	四〇	南	三一	一二	三〇	六
八穀東增三十三	未	〇二	一〇	五二	北	三三	〇三	〇〇	六

八穀東增二十四	未	〇二	一六二〇	北	三八	一二一二	六
井宿北增二	未	〇二	三七一七	北	〇七	〇九三〇	六
四瀆西增四	未	〇二	四二五〇	南	一八	〇五一八	六
井宿二	未	〇三	一三二〇	南	〇三	〇六〇三	四
上衞	未	〇三	三四三〇	北	四五	五九四六	五
四瀆南增五	未	〇三	五一五七	南	二三	〇四〇八	六
四瀆南增六	未	〇三	五四三五	南	二三	三四二六	六
座旗五	未	〇四	〇五二三	北	一九	一六三四	五
座旗八	未	〇四	一一四六	北	一六	一〇三五	五
井宿北增六	未	〇四	一二四六	北	〇四	四六三〇	六
八穀東增三十二	未	〇二	三五三八	北	三三	三四五五	六
四瀆四	未	〇二	四一四九	南	一八	四五四四	四
孫一	未	〇二	五三五六	南	五八	〇三二九	五
上衞南增三	未	〇三	一八二七	北	四四	二六三八	五
軍市一	未	〇三	三七五八	南	四一	一七四七	二
孫北增一	未	〇三	五二〇四	南	五三	二四二四	三
參宿東增二十四	未	〇四	〇二〇五	南	二七	三九五〇	五
座旗七	未	〇四	一一二五	北	一六	四〇四四	五
八穀東增三十一	未	〇四	一一五七	北	三四	〇〇二〇	六
參宿東增二十五	未	〇四	一九〇三	南	二八	〇二五八	六

星名	黃道經度 宮	黃道經度 度	黃道經度 分	黃道經度 秒	黃道緯度 向	黃道緯度 度	黃道緯度 分	黃道緯度 秒	等
座旗三	未	○四	四○	○○	北	二一	二一	二二	五
八穀東增二十九	未	○四	四七	○五	北	三六	二一	二○	五
井宿北增三	未	○四	五一	一六	北	○五	四七	○五	六
四瀆南增三	未	○四	五五	五四	南	一八	二二	四六	五
四輔一	未	○五	○○	一八	北	六四	五一	一五	六
井宿內增八	未	○五	○五	○七	南	○六	一四	五七	六
座旗四	未	○五	一四	一四	北	二○	二六	三二	六
六甲三	未	○五	二五	二五	北	五七	○六	三三	六

星名	黃道經度 宮	黃道經度 度	黃道經度 分	黃道經度 秒	黃道緯度 向	黃道緯度 度	黃道緯度 分	黃道緯度 秒	等
參宿東增二十六	未	○四	四一	五八	南	三○	一八	二○	五
孫北增三	未	○四	四八	三八	南	五六	四四	三八	五
四瀆三	未	○四	五五	三三	南	一五	五四	一九	四
孫北增四	未	○四	五七	三九	南	五六	四四	○八	四
座旗一	未	○五	○三	五七	北	二五	四○	○○	六
井宿北增五	未	○五	○九	三九	北	○五	○四	五○	六
井宿西增九	未	○五	一四	四二	南	○七	四四	三八	五
井宿三	未	○五	三一	一八	南	○六	四七	一九	二

八穀東增三十	未	○五	三四	五六	北	三五	二四	三○	五
井宿北增四	未	○六	一五	二二	北	○五	五二	○○	六
座旗六	未	○六	二三	三四	北	一八	四五	○八	四
四瀆北增一	未	○六	四九	三一	南	一三	一二	五二	四
軍市六	未	○七	○五	五四	南	四六	三六	一七	五
座旗南增三	未	○七	一一	一五	北	一五	二八	○七	六
座旗南增四	未	○七	二○	二八	北	一五	三一	二二	六
五諸侯一	未	○七	三二	三二	北	一○	五九	二五	四
井宿南增十一	未	○七	四七	五七	南	一○	一○	一三	六
軍市內增一	未	○八	○一	四八	南	四一	四六	二三	五
勾陳三	未	○五	四○	二五	北	七三	五三	○八	四
井宿五	未	○六	二一	三七	北	○二	○一	三○	三
井宿內增七	未	○六	三三	○二	南	○五	二七	三四	五
孫北增二	未	○六	五九	二三	南	五三	四七	三七	五
座旗九	未	○七	○六	五六	北	一五	五二	四七	六
井宿西增十	未	○七	一六	四七	南	○九	五○	二七	六
座旗二	未	○七	二二	二二	北	二三	○九	一四	六
井宿四	未	○七	三七	五三	南	一○	○七	五七	四
四輔二	未	○八	○一	二五	北	六三	五○	二五	六
軍市內增二	未	○八	○六	二五	南	四六	○五	三六	五

星名	宮	黃道經度 十度	十分	十秒	向	黃道緯度 十度	十分	十秒	等
野雞	未	〇八	一〇	四一	南	四二	二一	二五	五
內階西增二	未	〇八	二〇	〇二	北	三六	五七	一七	六
座旗東增五	未	〇八	二五	二三	北	一五	一一	三三	六
四瀆二	未	〇八	三四	四〇	南	一四	五六	四四	五
天罇西增一	未	〇八	五四	四六	北	〇二	二九	〇九	六
女史東增一	未	〇九	四六	五〇	北	八四	〇七	四〇	六
御女三	未	〇九	五〇	四〇	北	八一	五八	三三	六
內階西增一	未	一〇	二一	五五	北	三二	四八	一九	五
四瀆北增二	未	〇八	一九	四六	南	一四	二五	〇〇	六
井宿六	未	〇八	二二	三九	南	〇一	一一	一五	六
軍市二	未	〇八	二六	五七	南	四一	一九	二四	五
井宿內增十二	未	〇八	四九	三五	南	〇九	三一	四七	六
闕丘一	未	〇九	一二	五六	南	二〇	三二	一八	四
天罇西增二	未	〇九	四七	一三	北	〇三	〇七	一二	六
井宿內增十三	未	〇九	五三	一九	南	〇九	四〇	一五	六
天狠	未	一〇	三四	〇一	南	三九	三二	〇八	一

天罇三	未	一〇	三七　二〇	北	〇一	三〇　一四	六	四輔南增一	未	一〇	四二　五八	北	六一	三八　四七	六
天狼北增一	未	一〇	四四　三八	南	三七	一九　三八	五	座旗東增六	未	一〇	四七　五三	北	一六	四三　三五	四
井宿內增十四	未	一〇	五九　一〇	南	〇六	四三　二〇	六	四瀆一	未	一一	〇九　一二	南	一一	四九　〇三	四
座旗東增十一	未	一一	一〇　〇二	北	二七	四四　一四	六	井宿七	未	一一	二四　三一	南	〇二	〇五　二七	三
天罇南增六	未	一一	二七　二五	北	〇〇	〇〇　一一	六	老人	未	一一	三〇　五九	南	七五	五〇　一九	一
四輔三	未	一一	三六　五五	北	六二	五一　一五	六	軍市內增三	未	一一	四二　〇二	南	四三	五三　一九	六
座旗東增七	未	一一	五一　三五	北	一八	二六　三五	五	五諸侯二	未	一一	五四　〇四	北	〇七	四三　〇七	五
四輔四	未	一二	〇三　〇七	北	六五	四〇　〇八	六	座旗東增九	未	一二	〇八　一三	北	二六	五三　五八	五
天罇北增三	未	一二	一九　三〇	北	〇四	二一　二五	六	座旗東增十	未	一二	三七　〇九	北	二七	二六　三五	六
天狼北增二	未	一二	三七　五三	南	三四	四四　三四	五	內階西增三	未	一二	四六　四八	北	三六	四一　〇〇	五

星名	黃道經度 宮	黃道經度 十度	黃道經度 十分	黃道經度 十秒	黃道緯度 向	黃道緯度 十度	黃道緯度 十分	黃道緯度 十秒	等
天罇內增五	未	一二	五四	一二	北	〇一	四一	〇五	六
弧矢西增一	未	一二	五七	一四	南	五三	五五	〇〇	六
北極	未	一三	〇九	二五	北	六七	〇二	五一	五
天罇內增四	未	一三	一八	四六	北	〇二	二九	五六	六
老人北增二	未	一三	三八	四二	南	六六	〇五	一九	三
井宿內增十六	未	一三	五八	三五	南	〇七	一三	二五	六
闕丘南增四	未	一四	〇二	三九	南	二六	四五	三八	四
軍市四	未	一四	一〇	四九	南	四三	〇三	二四	六
井宿內增十五	未	一二	五六	一三	南	〇六	三四	二五	六
座旗東增八	未	一三	〇五	五三	北	一八	二四	二一	五
積水	未	一三	一五	〇二	北	一四	二八	一一	五
天狼北增三	未	一三	二九	二九	南	三六	四一	五〇	四
軍市三	未	一三	四〇	〇四	南	四二	五五	三三	六
天狼東增五	未	一三	五八	三七	南	三九	四二	〇〇	四
井宿內增十七	未	一四	〇六	五一	南	〇六	一三	一三	六
軍市東增四	未	一四	一九	二九	南	四二	四六	三二	六

軍市五	未	一四	三五 三四	南	四六	四八 五二	五
天罇二	未	一四	五六 三六	南	○○	一三 ○七	三
井宿八	未	一五	一二 ○四	南	○五	四○ 三七	四
五諸侯三	未	一五	二三 一○	北	○五	四三 三五	四
天罇南增七	未	一五	三四 三九	南	○一	四○ 五八	五
闕丘東增三	未	一五	五八 一七	南	二二	四五 四○	五
闕丘南增五	未	一六	○四 ○三	南	二六	三二 四一	六
五諸侯北增三	未	一六	一五 五一	北	○五	五八 二○	六
北河二	未	一六	四○ 二○	北	一○	○三 四八	二
天罇東增九	未	一六	四六 二九	南	○○	二九 二八	六

弧矢八	未	一四	五○ 二六	南	五五	一二 ○五	五
五諸侯內增一	未	一五	○八 二五	北	○五	三一 ○六	六
天罇一	未	一五	一六 五五	北	○二	五五 四一	五
北河一	未	一五	二九 五五	北	○九	四五 一○	五
闕丘二	未	一五	四九 ○九	南	二二	三五 二○	五
天狼東增四	未	一六	○二 四一	南	三八	○一 五○	三
五諸侯北增二	未	一六	○七 五八	北	○六	○九 二三	六
闕丘東增二	未	一六	一九 ○六	南	二二	二九 一六	六
天罇東增八	未	一六	四五 四五	南	○一	四一 五五	六
闕丘東增一	未	一六	五○ 三四	南	二二	一九 一○	六

星名	黃道經度 宮	十度	十分	十秒	黃道緯度 向	十度	十分	十秒	等
北河北增一	未	一六	五五	二八	北	一三	一八	一三	五
弧矢七	未	一七	〇九	四六	南	五一	二三	五七	二
水位西增一	未	一七	三三	三四	南	一〇	一六	一二	六
上台西增三	未	一七	三四	四三	北	二五	五八	五五	六
弧矢內增二	未	一七	五七	三一	南	五〇	一六	〇〇	四
內階西增八	未	一八	〇四	一五	北	四四	三三	〇〇	五
五諸侯北增四	未	一八	二〇	三六	北	〇六	二六	一五	六
南河二	未	一八	三六	五二	南	一三	三一	三〇	三
北河北增二	未	一七	〇八	二二	北	一二	五二	四九	五
軍市東增五	未	一七	二六	二五	南	四六	一〇	一三	五
上台西增二	未	一七	三四	三九	北	二六	一〇	四五	五
五諸侯四	未	一七	四六	三四	北	〇五	一一	〇一	五
內階西增五	未	一七	五九	〇〇	北	三八	三八	五〇	五
南河一	未	一八	〇四	五八	南	一二	三六	四二	六
五諸侯增五	未	一八	二八	二九	北	〇六	一四	二六	六
水位一	未	一八	四一	三一	南	〇九	四五	一八	六

內階西增九	未	一八	四六一六	北	四四	三五四五	五
水位北增二	未	一九	〇〇一七	南	〇五	五〇二一	六
北河內增四	未	一九	〇二五六	北	〇七	二五四六	五
南河南增二	未	一九	〇三一四	南	一四	四九一四	六
內階西增七	未	一九	一四四五	北	四三	五九三五	六
北河三	未	一九	四一〇九	北	〇六	三九二七	二
弧矢一	未	一九	四八三〇	南	四八	二九三七	二
水位北增三	未	二〇	〇五三二	南	〇二	四七一九	六
南河南增五	未	二〇	五五四〇	南	一九	三七五八	六
南河南增四	未	二〇	五九〇七	南	一八	一三五一	六
南河北增一	未	一八	四六二三	南	一二	五一五一	六
內階西增四	未	一九	〇〇五二	北	三六	五六五〇	六
上台西增一	未	一九	〇三〇四	北	三〇	三一二六	五
北河北增三	未	一九	〇五四七	北	一二	〇一四一	五
內階一	未	一九	二五三二	北	四〇	一二三四	四
積薪北增一	未	一九	四六五二	北	〇四	二四二五	六
積薪	未	二〇	〇五一八	北	〇三	〇二二三	四
三師一	未	二〇	二四一〇	北	四七	五四四五	五
弧矢北增五	未	二〇	五七二六	南	四七	五三四九	六
南河南增三	未	二一	一三三三	南	一八	〇六二二	六

星名	黃道經度 宮	十度	十分	十秒	黃道緯度 向	十度	十分	十秒	等
積薪東增二	未	二一	一四	五九	北	〇一	五七	一九	六
水位北增四	未	二一	三〇	五三	南	〇二	四〇	五九	六
三師三	未	二一	三八	六	北	四七	二八	五〇	五
弧矢北增四	未	二一	四四	五二	南	四八	一二	三八	六
弧矢北增三	未	二二	〇三	三四	南	四八	三六	五一	五
內階五	未	二二	一八	五二	北	四二	一九	三五	五
陰德北增一	未	二二	三四	〇七	北	五八	三二	五三	五
水位二	未	二二	四一	二二	南	一〇	二〇	一五	六
內階三	未	二一	二三	四九	北	四四	五五	〇三	五
少輔北增一	未	二一	三七	四五	北	五三	三八	三〇	六
五諸侯五	未	二一	四〇	一二	北	〇五	四四	三八	五
三師內增一	未	二一	四三	二六	北	四七	四八	一〇	五
南河三	未	二二	一五	三一	南	一五	五七	五五	一
積薪東增三	未	二二	二四	五八	北	〇一	二二	二〇	五
弧矢北增七	未	二二	四一	一〇	南	四六	一五	三七	五
少輔	未	二二	四六	五二	北	五一	一三	四〇	四

弧矢北增六	未	二三	四八二五	南	四六	三八三〇	五
內階內增六	未	二三	一九〇八	北	四一	二六〇〇	六
水位北增五	未	二三	二八三四	南	〇〇	五四四一	六
爟西增三	未	二三	三九二八	北	〇七	一一二六	五
爟西增一	未	二三	四九一一	北	〇四	二七一五	六
內階內增十	未	二三	五九三〇	北	四四	三二五七	五
老人東增一	未	二四	一二三八	南	七二	五一一四	三
爟西增四	未	二四	五二四六	北	〇七	〇八〇一	六
陰德二	未	二五	一八二八	北	五七	一四三〇	五
水位北增八	未	二五	三〇三〇	南	〇四	〇〇二一	六
陰德一	未	二三	五四四七	北	五八	一一一三	五
闕丘東增六	未	二三	二七三一	南	二五	二〇一七	六
爟西增二	未	二三	三四五八	北	〇四	四三一一	六
勾陳四	未	二三	四七二五	北	七五	〇六五〇	四
上台西增四	未	二三	五八三八	北	一三	〇四二一	五
水位內增十	未	二四	〇七二三	南	〇八	一五一七	五
水位北增九	未	二四	三四一三	南	〇四	五二四六	六
水位北增七	未	二五	〇九四六	南	〇三	一二三五	六
爟四	未	二五	二〇二七	北	〇九	二七二二	五
爟內增五	未	二五	三二二三	北	〇五	三六〇四	六

星名	黃道經度 宮	十度	十分	十秒	黃道緯度 向	十度	十分	十秒	等
燨一	未	二五	三九	四九	北	○五	一八	四四	四
闕丘東增七	未	二五	四一	五二	南	三○	二九	二七	六
水位北增六	未	二五	五四	二六	北	○一	一九	一三	五
南河東增六	未	二六	○四	四七	南	一八	五三	○○	五
三師二	未	二六	四九	○七	北	五一	五二	一七	六
水位三	未	二七	○三	三四	南	○七	○五	三○	五
內階四	未	二七	一三	一○	北	四五	○七	○四	四
燨內增六	未	二七	二三	○三	北	○七	二七	三二	六
內階二	未	二五	四一	一八	北	四二	四八	○○	五
大理一	未	二五	五二	三八	北	六四	一二	○五	五
弧矢二	未	二五	五七	一六	南	五○	三八	五六	二
弧矢九	未	二六	四七	一九	南	五八	三一	五五	三
勾陳東增九	未	二七	○三	二二	北	七七	四四	一五	五
勾陳東增七	未	二七	○七	二六	北	七四	四五	四八	五
勾陳東增八	未	二七	一四	二八	北	七七	二四	一五	五
南河東增七	未	二七	四二	三○	南	一八	○六	一○	六

水位四	未	二七	四五	二二	南	○二	一七	五二	五
大理二	未	二七	五三	三八	北	六四	一二	○五	五
弧矢北增八	未	二八	一一	二六	南	三五	一八	○二	六
弧矢北增十	未	二八	一七	二六	南	三二	五四	○五	六
內階六	未	二八	二二	四○	北	三八	三五	○八	五
南河東增八	未	二八	四○	○七	南	一七	四八	二七	四
文昌北增一	未	二八	五三	○○	北	四六	二五	一七	五
后宮	未	二九	○八	二四	北	七○	二九	三八	五
上台一	未	二九	一五	四九	北	二九	三四	三二	四
南河東增十	未	二九	二四	○八	南	二三	四七	五○	五
水位東增十一	未	二七	四六	四二	南	○六	二四	三五	六
軒轅西增八	未	二八	一○	二六	北	一七	○六	二四	六
爟二	未	二八	一四	三三	北	○四	二○	三三	六
弧矢北增九	未	二八	一七	四○	南	三五	○九	一三	六
爟三	未	二八	三七	二八	北	○八	二五	四三	六
爟東增七	未	二八	五二	一三	北	○八	二七	三一	六
爟東增八	未	二八	五五	三二	北	○七	三○	○○	六
南河東增九	未	二九	一四	四四	南	二一	二八	四二	五
上台南增五	未	二九	二二	二○	北	二五	○一	五五	六
爟東增九	未	二九	二九	一八	北	○五	一○	三六	六

黃道 星名	經度 宮	經度 十度	經度 十分	經度 十秒	緯度 向	緯度 十度	緯度 十分	緯度 十秒	等
文昌五	未	二九	三二	五〇	北	三三	二五	五六	五
文昌六	未	二九	四三	〇三	北	三六	〇四	二五	五
爟東增十	午	〇〇	〇〇	四〇	北	〇四	五三	四五	六
弧矢北增十一	午	〇〇	一一	〇五	南	三五	〇三	一〇	六
鬼宿西增二	午	〇〇	一二	〇六	南	〇一	〇二	三九	六
軒轅西增九	午	〇〇	一九	二〇	北	一三	五一	三一	六
爟東增十一	午	〇〇	四〇	〇六	北	〇四	五九	四八	六
鬼宿南增三	午	〇一	〇五	二四	南	〇二	〇七	五一	六

黃道 星名	經度 宮	經度 十度	經度 十分	經度 十秒	緯度 向	緯度 十度	緯度 十分	緯度 十秒	等
勾陳東增十	未	二九	三六	四五	北	七七	五〇	五五	六
弧矢六	未	二九	五四	五八	南	四七	二四	五三	三
文昌一	午	〇〇	〇四	一三	北	四六	〇九	二二	五
弧矢北增十二	午	〇〇	一一	一八	南	三七	三二	二五	五
軒轅西增十	午	〇〇	一八	〇四	北	一三	三七	〇五	六
上台二	午	〇〇	二一	五八	北	二八	五七	一〇	四
柳宿西增十	午	〇〇	四一	一九	南	一〇	一九	〇六	四
大理東增一	午	〇一	〇五	五三	北	六三	三一	三〇	六

文昌內增三	午	〇一	二〇 三八	北	三六	三七 二五	六
外廚西增一	午	〇一	三四 三三	南	二二	三七 三五	六
文昌南增五	午	〇一	四六 一五	北	三三	四五 一一	六
軒轅西增十一	午	〇一	五六 四九	北	一二	一〇 四六	六
鬼宿一	午	〇二	〇九 四四	南	〇〇	四七 四六	五
弧矢內增十九	午	〇二	一九 二二	南	四九	一四 五八	四
鬼宿南增四	午	〇二	二四 二四	南	〇四	四五 二六	六
弧矢五	午	〇二	三一 一三	南	四六	〇三 〇八	四
文昌二	午	〇二	四一 四九	北	四二	三九 〇六	四
文昌南增六	午	〇二	四九 四五	北	三二	一六 一六	六
弧矢內增十八	午	〇一	二三 一〇	南	四六	四五 五〇	六
軒轅一	午	〇一	四三 二二	北	二三	四一 四七	四
鬼宿二	午	〇一	五〇 二九	北	〇一	三二 三三	五
柳宿西增九	午	〇二	〇五 一一	南	〇八	三一 三二	六
天樞西增一	午	〇二	一二 五六	北	四九	二七 一八	五
鬼宿南增五	午	〇二	一九 五八	南	〇六	二二 一六	六
弧矢北增十七	午	〇二	二九 一四	南	四四	五八 四九	五
鬼宿內增一	午	〇二	三八 一九	北	〇〇	五二 〇〇	六
軒轅西增二十二	午	〇二	四五 五三	北	一〇	二三 四〇	五
軒轅西增七	午	〇二	五七 四四	北	一四	一八 三三	六

星名	黃道經度 宮	度	分	秒	黃道緯度 向	度	分	秒	等
文昌內增二	午	〇三	〇七	〇七	北	四〇	三九	三〇	五
積尸	午	〇三	三八	一〇	北	〇一	三一	一八	氣
上台東增六	午	〇三	四三	四五	北	二五	四九	三六	五
文昌四	午	〇三	四五	二二	北	三四	五六	二二	三
積尸南增三	午	〇三	五〇	二五	北	〇一	〇六	二二	氣
文昌內增四	午	〇三	五一	一六	北	三五	二二	一八	五
鬼宿三	午	〇三	五八	〇〇	北	〇三	〇九	四一	四
軒轅西增二十一	午	〇四	〇八	〇二	北	一〇	一五	一二	六

星名	黃道經度 宮	度	分	秒	黃道緯度 向	度	分	秒	等
天樞西增二	午	〇三	二〇	二四	北	五〇	三五	〇五	六
積尸北增一	午	〇三	三八	五三	北	〇一	三四	一〇	氣
軒轅西增六	午	〇三	四四	三五	北	一四	五九	四一	五
積尸東增二	午	〇三	五〇	〇九	北	〇一	一八	三七	氣
軒轅西增十二	午	〇三	五一	一二	北	一三	三五	三四	五
軒轅二	午	〇三	五六	一五	北	二〇	五〇	五三	四
弧矢北增十五	午	〇四	〇五	四三	南	四二	三六	四〇	四
軒轅西增二十	午	〇四	一一	〇一	北	一〇	二一	四七	六

庶子北增一	午	〇四	一一	五〇	北	七三	〇六	三四	六
軒轅西增五	午	〇四	二五	五〇	北	一四	四〇	四六	六
外廚南增十五	午	〇四	四一	一九	南	三二	三〇	一七	六
庶子	午	〇四	四六	〇九	北	七一	二五	二〇	四
軒轅西增四	午	〇四	五二	二一	北	一四	三七	四六	六
軒轅西增十八	午	〇四	五五	五一	北	一〇	〇八	二四	六
外廚南增十四	午	〇五	〇七	五二	南	三二	五九	一〇	六
弧矢南增二十四	午	〇五	一二	五七	南	六三	四七	二一	三
弧矢南增二十	午	〇五	三二	〇六	南	五八	二五	〇五	三
上台東增七	午	〇五	三六	五九	北	二八	五八	四〇	六
柳宿西增八	午	〇四	二三	〇一	南	〇八	三一	五〇	六
軒轅西增十九	午	〇四	二六	〇一	北	一〇	二四	三四	六
軒轅西增十三	午	〇四	四四	四二	北	一二	二九	〇一	六
天樞西增三	午	〇四	五一	二一	北	五一	二四	三二	五
弧矢北增十六	午	〇四	五五	二四	南	四二	五三	一〇	六
外廚南增十六	午	〇五	〇〇	四七	南	三二	〇六	二七	四
鬼宿四	午	〇五	〇八	四〇	北	〇〇	〇三	四六	四
弧矢北增十四	午	〇五	一九	二四	南	三九	〇四	四五	六
柳宿西增七	午	〇五	三四	二七	南	〇八	三九	〇一	六
文昌三	午	〇五	四五	一七	北	三八	一四	一〇	五

星名	黃道經度 宮	十度	十分	十秒	黃道緯度 向	十度	十分	十秒	等
柳宿西增六	午	○五	四九	三○	南	○八	四○	○四	六
鬼宿南增六	午	○六	一四	四六	南	○五	二○	三六	六
外廚西增三	午	○六	一七	二二	南	二二	二八	五八	六
外廚南增十三	午	○六	二九	四○	南	三四	四四	一○	五
上輔	午	○六	四三	三○	北	五七	一三	○三	三
軒轅西增十六	午	○六	四五	四○	北	一○	三七	四八	六
軒轅西增三	午	○六	五九	二八	北	一七	四七	四一	六
上輔東增一	午	○七	一三	二○	北	五七	三○	三○	六

星名	黃道經度 宮	十度	十分	十秒	黃道緯度 向	十度	十分	十秒	等
外廚西增二	午	○五	五八	二九	南	二二	二四	三二	四
軒轅西增十七	午	○六	一五	三七	北	一○	三○	○五	六
弧矢北增十三	午	○六	二四	○六	南	三八	二○	四○	五
外廚一	午	○六	三一	○九	南	二二	三○	一○	四
柳宿一	午	○六	四四	○三	南	一二	二五	三七	四
軒轅三	午	○六	五八	一○	北	二○	○四	二○	四
軒轅西增十四	午	○七	○三	一四	北	一二	三四	○六	六
鬼宿東增九	午	○七	一二	○○	南	○一	三七	一五	六

鬼宿南增七	午	〇七	一六 三七	南	〇五	三八 五八	六
弧矢三	午	〇七	二〇 三四	南	五七	四四 〇五	四
弧矢四	午	〇七	二二 五〇	南	四九	四〇 四七	六
外廚六	午	〇七	三〇 〇四	南	一七	四三 〇八	六
外廚南增十二	午	〇七	五〇 三一	南	三四	一八 二四	三
外廚南增十一	午	〇八	〇五 〇〇	南	三四	五七 〇〇	六
外廚南增十七	午	〇八	一五 〇六	南	三一	二九 一七	六
柳宿內增一	午	〇八	三二 四九	南	一一	五八 二三	五
柳宿三	午	〇八	四四 一二	南	一四	一七 一〇	四
鬼宿東增十	午	〇八	四七 五六	南	〇一	五三 一六	六

柳宿北增五	午	〇七	一七 二二	南	〇七	四四 五八	六
鬼宿東增八	午	〇七	三三 一〇	南	〇二	一六 一六	六
軒轅西增二十三	午	〇七	二七 一二	北	〇七	一四 三九	六
柳宿二	午	〇七	三八 一四	南	一四	三八 〇五	五
庶子南增二	午	〇七	五四 〇四	北	七〇	〇四 五四	六
軒轅西增十五	午	〇八	〇八 五八	北	〇九	四六 〇二	六
軒轅四	午	〇八	一六 一〇	北	一七	五六 〇〇	四
文昌東增七	午	〇八	三五 五八	北	三四	三六 四〇	六
柳宿五	午	〇八	四六 五二	南	一一	〇七 五九	四
鬼宿東增十一	午	〇八	四八 五一	南	〇一	三六 四五	六

黃道星名	宮	黃道經度 十度	十分	十秒	向	黃道緯度 十度	十分	十秒	等
尚書西增一	午	〇八	五八	三三	北	八六	五二	一〇	四
柳宿四	午	〇九	二〇	〇四	南	一一	三五	〇〇	五
外廚五	午	〇九	三一	一七	南	一六	四八	一五	六
內平西增四	午	〇九	三七	〇〇	北	二四	三五	四三	六
帝	午	〇九	四〇	〇八	北	七二	五八	二六	二
外廚南增四	午	一〇	〇二	五二	南	二五	四六	〇六	六
內平西增五	午	一〇	〇三	五七	北	二〇	三五	三七	六
內平西增六	午	一〇	一三	三二	北	二〇	四二	四〇	四
文昌東增八	午	〇九	〇五	三三	北	三五	五〇	〇六	六
五鬼宿東增十二	午	〇九	二一	四一	北	〇〇	〇七	五六	六
柳宿北增四	午	〇九	三一	三三	南	〇五	三〇	三二	四
軒轅西增二十四	午	〇九	三七	四五	北	〇五	二三	二四	五
鬼宿東增十三	午	一〇	〇二	四〇	北	〇〇	三九	三一	六
柳宿北增三	午	一〇	〇三	三四	南	〇五	〇六	二七	四
軒轅北增一	午	一〇	一〇	一七	北	一九	一九	三〇	五
庶子北增三	午	一〇	二四	二〇	北	七三	五九	四四	六

弧矢東增二十一	午	一〇	三〇一二	南	五八	〇四二七	五
軒轅內增二	午	一〇	三〇五七	北	一七	五四〇六	六
鬼宿東增十四	午	一〇	五六一五	北	〇一	〇〇五四	六
天璇西增一	午	一一	〇〇〇六	北	四二	三〇〇〇	五
鬼宿東增十八	午	一一	〇五二〇	南	〇一	一三四五	六
上輔東增二	午	一一	二〇二〇	北	五六	〇六三〇	六
弧矢東增二十三	午	一一	三三三一	南	五九	四二三八	四
外廚內增五	午	一一	三八三〇	南	二四	二七〇〇	六
軒轅西增二十五	午	一一	四五四一	北	〇九	二一五七	六
外廚二	午	一一	五八〇三	南	二四	二八一〇	三
內平西增三	午	一〇	三〇五六	北	二四	二四三〇	六
內平西增七	午	一〇	四七一二	北	二〇	一七四〇	六
天璇西增二	午	一〇	五七四二	北	四三	四五三六	五
柳宿六	午	一一	〇〇一八	南	一一	〇〇〇三	四
內平西增八	午	一一	一三一五	北	一九	五七五三	五
鬼宿東增十七	午	一一	二二〇七	南	〇一	五五五二	六
天樞	午	一一	三五〇〇	北	四九	四〇〇五	一
軒轅七	午	一一	四二二八	北	一〇	二三五一	四
天璇西增三	午	一一	五〇五二	北	四六	四八三〇	五
中台西增一	午	一二	〇二二一	北	二九	四二三四	六

星名	黃道經度 宮	黃道經度 十度	黃道經度 十分	黃道經度 十秒	黃道緯度 向	黃道緯度 十度	黃道緯度 十分	黃道緯度 十秒	等
外廚四	午	一二	一〇	一九	南	一七	四五	〇〇	六
天璇西增五	午	一二	一五	五四	北	四四	二八	一八	六
少尉北增一	午	一二	二〇	〇八	北	六一	五七	二〇	六
天璇西增四	午	一二	三四	二八	北	四四	四八	五八	六
少尉	午	一二	三六	四〇	北	六一	四三	二〇	三
天璇西增六	午	一二	五〇	三六	北	四四	二三	二七	六
中台西增二	午	一三	〇三	四〇	北	二六	四三	二二	五
鬼宿東增十五	午	一三	〇五	五四	北	〇一	五六	〇七	六
內平北增二	午	一二	一一	三三	北	二四	五二	一九	六
外廚三	午	一二	一六	〇八	南	二〇	二六	一四	五
內平三	午	一二	二九	二七	北	二〇	〇六	二五	六
柳宿北增二	午	一二	三五	四四	南	〇五	三六	〇八	四
外廚南增八	午	一二	四三	〇二	南	二九	四四	四二	六
軒轅五	午	一二	五四	〇〇	北	一七	五二	〇七	六
鬼宿東增十六	午	一三	〇四	四八	北	〇〇	五八	四五	六
少尉北增二	午	一三	一七	四三	北	六一	四九	四〇	六

內平北增一	午	一三	二二三二	北	二三	二五四一	六	柳宿七	午	一三	四九〇五	南	一一	〇三四五	六
天璇西增七	午	一三	五六一〇	北	四四	二八四六	六	外廚東增六	午	一四	〇〇四一	南	二三	五〇四五	六
軒轅八	午	一四	一七一三	北	〇七	五一二七	四	外廚南增十	午	一四	二四四九	南	三二	五五二三	六
軒轅六	午	一四	二七三二	北	一五	二一〇三	六	天理一	午	一四	四六〇八	北	四九	一七〇四	六
外廚南增九	午	一四	四七三九	南	三〇	一八四〇	六	弧矢東增二十二	午	一五	〇〇四一	南	五八	二〇三七	二
軒轅內增二十六	午	一五	〇六〇五	北	〇九	五五四八	六	外廚東增七	午	一五	一六五八	南	二四	一八四四	六
軒轅內增二十七	午	一五	三〇一六	北	一一	二三二六	六	天璇南增八	午	一五	四七一二	北	四二	五八一〇	六
天璇	午	一五	四九一三	北	四五	〇六一五	二	中台一	午	一五	五八四二	北	二九	五二二二	三
天理西增一	午	一六	〇一五五	北	五一	五四〇〇	六	內平四	午	一六	一八四二	北	一八	三四四八	六
柳宿八	午	一六	四二〇四	南	一三	〇二四七	四	天牀六	午	一七	〇二三三	北	七二	三一四四	六

黃道星名	黃道經度宮	黃道經度十度	黃道經度十分	黃道經度十秒	黃道緯度向	黃道緯度十度	黃道緯度十分	黃道緯度十秒	等
軒轅九	午	一七	〇七	一六	北	〇九	四一	四〇	三
內平二	午	一七	二四	三〇	北	二二	〇四	〇〇	五
酒旗北增一	午	一七	三六	一〇	北	〇二	〇四	五四	六
軒轅十	午	一七	五一	二六	北	一二	一九	二九	三
酒旗三	午	一七	五七	五七	南	〇五	三五	二七	五
酒旗北增二	午	一七	五九	二〇	北	〇〇	〇一	五二	六
天罇北增一	午	一八	〇四	四八	北	七三	四〇	四〇	六
酒旗南增五	午	一八	一四	四六	南	〇六	二四	二三	六
中台內增三	午	一七	一五	三三	北	二九	一二	〇八	六
內平南增九	午	一七	二六	三九	北	一八	三二	一二	六
中台二	午	一七	三九	四七	北	二八	五八	一〇	三
太子	午	一七	五五	二八	北	七五	一三	〇一	三
天罇北增三	午	一七	五九	一七	北	七四	五六	〇〇	五
酒旗二	午	一八	〇四	四四	南	〇三	一一	二二	四
軒轅內增二十八	午	一八	一二	四五	北	一〇	四五	〇一	六
酒旗北增三	午	一八	二九	二四	北	〇〇	一〇	四八	六

酒旗東增四	午	一八	三五〇一	南	〇四	四一一二	六
星宿西增四	午	一八	五三二二	南	二三	五三〇九	六
內廚一	午	一九	一七〇二	北	六一	〇四一〇	六
天理四	午	一九	二九三一	北	五三	一〇一七	六
星宿西增六	午	二〇	〇八二六	南	二一	〇八一〇	六
內平一	午	二〇	三一五六	北	一九	一一二二	六
軒轅十五	午	二〇	四一〇八	南	〇三	四六五〇	四
軒轅南增四十五	午	二〇	四四五八	南	〇六	五九五四	五
勢西增四	午	二〇	五六三六	北	二五	〇二四三	五
勢西增五	午	二一	〇六一六	北	二三	四一五六	六
軒轅內增二十九	午	一八	五二三二	北	〇七	三二五八	六
星宿西增三	午	一九	一一〇一	南	二四	〇〇二九	六
星宿西增五	午	一九	一九二七	南	二二	一一三五	六
酒旗一	午	一九	五五〇四	北	〇〇	一九〇三	六
勢西增三	午	二〇	二二三〇	北	二七	一四二〇	六
勢西增六	午	二〇	三七五〇	北	二三	一七〇四	五
天理二	午	二〇	四四二六	北	四七	〇〇五三	六
金魚東增一	午	二〇	五一五九	南	八一	〇一五九	四
星宿西增二	午	二〇	五九二八	南	二三	二三三三	六
內廚北增一	午	二一	〇七四八	北	六一	五七一五	六

黃道星名	宮	經度十度	十分	十秒	緯向	緯度十度	十分	十秒	等
勢西增七	午	二一	一二	二七	北	二二	〇五	二五	六
勢西增八	午	二一	二八	五〇	北	二一	五九	二六	六
軒轅南增四十六	午	二一	四五	四四	南	〇八	五六	五六	五
星宿西增七	午	二一	五四	一五	南	一九	一五	〇八	六
天狗六	午	二一	五四	三七	南	四三	一八	二二	四
星宿二	午	二三	〇〇	四二	南	一六	四四	〇一	五
星宿三	午	二三	一〇	四一	南	一五	〇〇	〇三	五
內廚二	午	二三	三〇	〇〇	北	六〇	五三	四五	五
軒轅內增四十四	午	二一	一五	二八	南	〇一	三三	二三	六
內平東增十	午	二一	三七	五二	北	一七	一六	四二	五
勢西增九	午	二一	四八	四四	北	二二	一二	三五	四
軒轅內增四十三	午	二一	五四	二六	北	〇〇	〇七	〇七	六
內平東增十一	午	二一	五六	二五	北	一六	四三	四八	六
天牀一	午	二三	〇四	五六	北	六九	一二	〇五	五
星宿五	午	二三	一四	五六	南	二三	五〇	四九	六
勢北增二	午	二三	四三	五〇	北	二七	〇五	一七	六

尚書一	午	二二	四四五○	北	八六	五○四五	五
勢一	午	二二	五一一○	北	二三	五五二七	四
天狗五	午	二二	五六一五	南	四八	五五一六	三
天狗四	午	二三	一二三八	南	五一	○九五三	四
勢二	午	二三	三八一○	北	二一	二三四五	四
軒轅內增四十二	午	二三	四五五二	北	○○	○一二五	四
星宿內增一	午	二三	四九五六	南	二二	五七四九	六
軒轅十一	午	二三	五八四一	北	一一	五○一三	三
軒轅內增四十一	午	二四	○○三六	南	○一	○四二四	六
勢內增十	午	二四	○八三一	北	二三	二七三二	六
勢北增一	午	二二	四九四○	北	二五	二三一五	五
天牢一	午	二二	五五四○	北	三三	○二三六	四
尚書四	午	二三	○六○○	北	八○	三○○○	六
天狗七	午	二三	一四四九	南	四二	五二○九	五
星宿一	午	二三	四二五九	南	二三	二四三二	二
天社一	午	二三	四八一七	南	六四	二六五一	二
軒轅東增三十	午	二三	五六二八	北	一一	五四五五	六
星宿六	午	二三	五九○七	南	二四	三八二七	六
星宿四	午	二四	○四一九	南	一四	一八一七	四
軒轅東增三十一	午	二四	一五五二	北	一一	三七一三	六

黃道星名	經度宮	經度度	經度分	經度秒	緯度向	緯度度	緯度分	緯度秒	等
軒轅十三	午	二四	一九	二四	北	〇四	五〇	二〇	三
軒轅南增四十	午	二四	三二	五一	南	〇三	二五	一九	六
天理三	午	二四	三七	五七	北	四九	三八	四〇	六
星宿七	午	二五	〇一	〇三	南	二三	一五	五八	六
太尊	午	二五	一三	五八	北	三五	三一	三〇	三
軒轅南增四十九	午	二五	二一	〇八	南	〇七	二二	一四	六
天牢三	午	二五	二八	五五	北	三一	〇二	一二	六
太乙	午	二五	三六	〇〇	北	六四	一三	〇〇	六
星宿東增八	午	二四	二七	二九	南	一九	一五	〇一	六
內廚南增二	午	二四	三五	四〇	北	五七	五五	三六	六
軒轅南增四十八	午	二四	四三	一七	南	〇八	一四	〇五	六
軒轅南增三十九	午	二五	〇八	四七	南	〇三	五一	三一	五
勢內增十一	午	二五	一四	五〇	北	二一	三六	二八	六
軒轅內增三十二	午	二五	二六	〇四	北	〇八	二六	〇八	六
軒轅內增三十四	午	二五	二九	〇〇	北	〇四	〇八	四五	六
軒轅南增三十八	午	二五	四四	〇四	南	〇三	五六	一八	四

軒轅南增四十七	午	二五	四六 〇四	南	〇九	五二 五三	六
軒轅內增三十三	午	二六	〇七 二五	北	〇八	二六 五一	六
天牢五	午	二六	二三 一六	北	三〇	〇四 二六	六
星宿東增十五	午	二六	三四 三九	南	二二	一五 〇〇	六
天璣	午	二六	五一 三八	北	四七	〇七 二〇	二
星宿東增十四	午	二七	〇五 〇〇	南	二二	〇五 一九	六
勢四	午	二七	一五 〇四	北	二四	五五 三〇	四
天權	午	二七	二五 五五	北	五一	三九 四〇	二
少微西增一	午	二七	二八 三〇	北	一七	三九 五二	六
星宿東增十三	午	二七	三八 一八	南	二三	〇六 二四	六

軒轅十二	午	二六	〇〇 〇五	北	〇八	四七 二七	二
軒轅十四	午	二六	一六 二〇	北	〇〇	二六 三八	一
軒轅內增三十七	午	二六	三〇 一〇	北	〇二	〇一 一〇	六
軒轅十七	午	二六	五〇 三六	南	〇一	二六 一五	六
軒轅南增五十	午	二六	五三 四一	南	〇七	二四 四一	六
天社南增一	午	二七	一二 四九	南	七〇	一七 五九	三
勢三	午	二七	一八 四三	北	二一	〇二 四七	四
天權北增二	午	二七	二七 五二	北	五二	四五 二二	六
軒轅內增三十六	午	二七	三一 〇一	北	〇二	四八 〇七	六
勢東增十二	午	二七	四三 一〇	北	二四	五三 五〇	六

黃道星名	黃道經度宮	黃道經度度	黃道經度分	黃道經度秒	黃道緯度向	黃道緯度度	黃道緯度分	黃道緯度秒	等
星宿東增九	午	二七	五五	一四	南	一六	一四	二五	六
軒轅南增五十二	午	二八	〇六	三七	南	〇五	三八	三五	六
軒轅內增三十五	午	二八	一四	二三	北	〇四	二四	五四	六
軒轅內增五十一	午	二八	二〇	四五	南	〇八	〇七	三七	六
天權北增一	午	二八	二三	三九	北	五三	五七	二〇	六
天狗三	午	二八	三一	〇〇	南	五二	二九	五〇	四
星宿東增十一	午	二八	五四	〇七	南	一九	一四	二〇	六
勢南增十五	午	二九	〇九	五〇	北	一九	〇四	四三	六
勢東增十三	午	二八	〇二	二七	北	二四	二七	二三	六
勢南增十四	午	二八	〇九	〇五	北	二〇	〇八	一四	六
星宿東增十	午	二八	一五	一二	南	一九	一九	五七	六
天牢六	午	二八	二二	四四	北	三五	四六	二二	六
天狗一	午	二八	三〇	三四	南	五八	一四	四五	五
少微西增二	午	二八	三五	二四	北	一六	四六	一六	六
張宿五	午	二九	四〇	四三	南	二六	三七	二一	四
勢南增十六	午	二九	一七	三二	北	一八	五四	一二	六

太陽守南增一	午	二九	一八二○	北	四○	○三五一	六
軒轅南增五十三	午	二九	三一五○	南	○五	○六○三	六
少微三	午	二九	五四一五	北	一三	五六四六	五
天牢四	巳	○○	○六二○	北	三六	一一四八	六
天牢南增二	巳	○○	三六○五	北	三○	四五五○	五
長垣一	巳	○○	五二五八	北	○四	三三二七	六
軒轅南增五十六	巳	○一	一五三九	南	○一	○二二七	五
天牢北增一	巳	○一	二○四六	北	三七	一六四七	六
軒轅內增五十七	巳	○一	二七四五	北	○○	○五○八	六
尚書二	巳	○一	三三五二	北	八一	○○○五	四
軒轅南增五十四	午	二九	三○○七	南	○四	五三五○	六
星宿東增十二	午	二九	四二二○	南	一九	四三一六	六
太陽守	巳	○○	○五一六	北	四一	三一五八	四
天狗二	巳	○○	○八一六	南	五七	二一三○	五
相西增一	巳	○○	五○二六	北	四八	四六三七	六
天權東增三	巳	○○	五三五○	北	五一	四三○六	六
天乙	巳	○一	一六○五	北	六五	二一三八	五
少微北增三	巳	○一	二五○四	北	一七	○○五五	六
軒轅南增五十五	巳	○一	三二一○	南	○三	二○一四	六
長垣北增一	巳	○一	三九二一	北	○七	○○四八	六

星名	宮	黃道經度 十度	十分	十秒	緯度 向	十度	十分	十秒	等
少微二	巳	○一	五五	二一	北	一六	二八	四○	四
張宿一	巳	○二	○八	三三	南	二六	○五	一四	五
少微內增四	巳	○二	三七	一○	北	一七	一四	四○	六
軒轅十六	巳	○二	四八	五○	北	○○	○七	四八	四
下台一	巳	○三	○三	四○	北	二六	○八	一二	四
下台二	巳	三○	四五	三六	北	二四	四六	○○	四
少微內增五	巳	○三	四九	○○	北	一七	四六	四○	六
天相二	巳	○四	○○	○七	南	一六	○一	一八	四

星名	宮	黃道經度 十度	十分	十秒	緯度 向	十度	十分	十秒	等
天牢二	巳	○二	○○	二八	北	三二	四一	三二	六
少微四	巳	○二	一五	一四	北	一○	一四	五二	六
長垣南增四	巳	○二	三八	一八	南	○七	二九	○○	五
天社二	巳	○二	五九	四八	南	六一	○八	一七	五
長垣內增二	巳	○三	三四	二五	南	○○	一六	一○	六
右樞	巳	○三	四七	四三	北	六六	二○	五二	三
天社北增二	巳	○三	五六	三七	南	六○	○七	五三	五
少微一	巳	○四	○三	二○	北	一八	一四	二六	五

長垣二	巳	〇四	〇四二一	北	〇五	五四四八	六
長垣四	巳	〇四	〇九〇五	南	〇一	五二二七	六
相	巳	〇四	一三二八	北	四八	〇六二七	六
天相北增八	巳	〇四	二二五六	南	一〇	一三四二	六
天相內增三	巳	〇四	三三三八	南	一七	〇八二八	六
張宿內增一	巳	〇四	四六四五	南	二三	一一三一	五
天相內增二	巳	〇四	五四二六	南	一七	三九二九	六
少微東增七	巳	〇五	〇八二〇	北	一六	一六二九	六
西上相西增一	巳	〇五	一六〇〇	北	一二	五四〇五	五
天相北增四	巳	〇五	三五三八	南	一三	一〇一六	六
天相一	巳	〇四	〇四二四	南	一八	二五三六	六
天牀二	巳	〇四	一三一六	北	七四	〇四二七	六
天相內增一	巳	〇四	一八三七	南	一八	二〇三七	六
長垣南增三	巳	〇四	二三五三	南	〇四	一四三六	六
少微東增八	巳	〇四	三七〇八	北	一〇	二五三九	六
少微東增六	巳	〇四	四九五六	北	一七	三五五四	五
長垣南增五	巳	〇四	五七二一	南	〇六	四二四一	六
天相北增九	巳	〇五	〇八三九	南	〇九	五六二六	六
玉衡	巳	〇五	一八〇五	北	五四	一九三五	二
相南增二	巳	〇五	三六四〇	北	四五	三七三〇	六

星名	宮	黃道經度 十度	十分	十秒	向	黃道緯度 十度	十分	十秒	等
天相三	巳	〇五	四八	〇一	南	一七	二四	一〇	六
天相北增十	巳	〇五	五六	〇二	南	〇九	一九	四七	五
長垣三	巳	〇六	〇六	一九	北	〇二	四七	四〇	六
常陳七	巳	〇六	二八	三六	北	三八	五八	一四	六
虎賁	巳	〇六	五三	一三	北	一六	四六	〇二	五
長垣南增八	巳	〇六	五五	四八	南	〇一	二一	四一	六
張宿四	巳	〇六	五八	〇七	南	二七	二九	〇四	六
長垣南增六	巳	〇七	一三	四八	南	〇四	一五	二七	六
張宿二	巳	〇五	四九	一〇	南	二三	〇一	〇二	四
天相北增六	巳	〇六	〇〇	三五	南	一一	三三	三〇	五
天相北增七	巳	〇六	〇八	二九	南	一〇	二六	三五	五
天相北增五	巳	〇六	二八	五三	南	一三	〇九	三二	六
天牀五	巳	〇六	五五	三〇	北	七二	〇三	一八	五
長垣南增七	巳	〇六	五六	四六	南	〇三	〇六	三三	六
下台東增一	巳	〇七	一〇	四二	北	二九	一四	五一	六
長垣南增九	巳	〇七	一四	三三	南	〇一	一五	五九	六

天記	巳	〇七	三六〇一	南	五五	五二〇三	二
靈臺西增二	巳	〇八	一二〇〇	南	〇五	〇二四二	六
天相北增十一	巳	〇八	五六一六	南	〇九	一八二六	六
靈臺西增一	巳	〇九	一八二八	南	〇〇	三五五一	六
天社北增三	巳	一〇	一五五二	南	五九	一八三六	五
常陳六	巳	一〇	五一五八	北	三八	一四五〇	五
西次相南增三	巳	一一	〇三〇七	北	〇七	五一四一	六
常陳北增一	巳	一一	一三一五	北	四〇	三五五〇	六
靈臺三	巳	一一	二〇三四	南	〇二	三一五一	六
靈臺南增四	巳	一一	三三三七	南	〇五	五四〇三	六
西上相	巳	〇七	四二二一	北	一四	一九〇四	二
下台東增二	巳	〇八	三七五七	北	二七	〇五二四	六
西次相北增一	巳	〇九	一一三四	北	一一	三五〇五	六
西次相	巳	〇九	五〇三一	北	〇九	三九五〇	三
靈臺二	巳	一〇	二五三三	南	〇〇	一三一六	五
靈臺一	巳	一〇	五七〇九	北	〇一	二〇二一	四
天記北增一	巳	一一	一〇三二	南	五一	〇九四六	四
靈臺南增三	巳	一一	一九三二	南	〇五	三九五七	六
張宿三	巳	一一	二九五〇	南	二四	四〇一〇	四
天相北增十二	巳	一一	三九五二	南	一〇	四〇三五	六

星名	黃道經度 宮	十度	十分	十秒	黃道緯度 向	十度	十分	十秒	等
相東增三	巳	一一	四四	五四	北	四七	五六	四〇	六
開陽	巳	一二	〇三	二三	北	五六	二二	四七	二
西上相東增二	巳	一二	一五	四九	北	一三	五七	一〇	六
天社內增四	巳	一三	一〇	二〇	南	六六	一五	四四	四
五帝座西增二	巳	一三	一九	一〇	北	一一	〇八	〇九	六
靈臺南增八	巳	一三	二八	四四	南	〇三	二六	〇一	六
翼宿西增二	巳	一三	三三	四二	南	一五	一八	三八	六
翼宿西增一	巳	一三	五〇	三五	南	一五	〇三	五五	六
西次相東增二	巳	一一	五九	〇〇	北	一一	四一	四〇	六
開陽北增一	巳	一二	一三	五〇	北	五六	三三	三〇	五
張宿內增二	巳	一三	〇七	四七	南	二四	〇八	二四	五
從官	巳	一三	一七	二一	北	一七	三八	〇〇	六
靈臺南增七	巳	一三	一七	二一	南	〇五	三四	三五	六
輔	巳	一三	三一	五〇	北	五七	四〇	四〇	五
張宿北增三	巳	一三	四三	二七	南	二三	一四	〇二	六
五帝座西增一	巳	一三	五一	四一	北	一二	五三	〇八	六

西次將	巳	一三	五七五八	北	〇六	〇五一〇	四
常陳四	巳	一四	一一〇〇	北	四〇	三三〇二	五
張宿六	巳	一四	三〇五六	南	二三	二九五〇	五
常陳五	巳	一四	五八〇四	北	三七	四五五八	五
西上將	巳	一五	〇七三五	北	〇一	四〇五六	四
太子	巳	一五	二三五〇	北	一七	一八〇九	四
輔東增一	巳	一五	四〇二四	北	五七	五〇二四	六
明堂西增五	巳	一五	四九二九	南	〇四	三八五三	五
張宿南增四	巳	一六	三七二八	南	三〇	一一一五	六
翼宿西增三	巳	一六	三九二四	南	二三	〇四二四	六
靈臺南增五	巳	一三	五八四〇	南	〇八	〇三〇一	六
五帝座西增三	巳	一四	一四二七	北	一〇	二三五三	六
靈臺南增六	巳	一四	五三五六	南	〇六	二四〇八	六
天牀四	巳	一五	〇四四〇	北	七八	五五四〇	六
天社三	巳	一五	二〇三六	南	六七	一〇三六	二
常陳三	巳	一五	二九四八	北	四〇	三七三〇	六
明堂西增四	巳	一五	四八三九	南	〇二	三二五三	六
五帝座三	巳	一六	三一〇八	北	一〇	二三四一	六
三公三	巳	一六	三九〇二	北	五一	四七〇六	六
明堂西增二	巳	一六	四二五一	北	〇〇	〇〇三五	六

星名	黃道經度 宮	十度	十分	十秒	黃道緯度 向	十度	十分	十秒	等
翼宿五	巳	一六	四八	三九	南	二一	四九	二八	四
輔東增二	巳	一七	〇九	二三	北	五八	一三	三四	六
明堂西增三	巳	一七	三六	五三	南	〇二	一六	五五	五
明堂西增六	巳	一七	五五	一九	南	〇七	三九	〇五	四
常陳二	巳	一七	五六	三三	北	三九	五一	三〇	六
郎位西增三	巳	一八	〇六	一五	北	二四	四五	二三	六
內屏西增一	巳	一八	一五	〇五	北	〇五	一九	一三	六
幸臣	巳	一八	二六	一三	北	一七	四八	〇四	六
翼宿十二	巳	一七	〇九	〇八	南	一四	五一	〇〇	六
五帝座二	巳	一七	二八	一六	北	一四	〇三	〇七	六
開陽東增二	巳	一七	三八	〇五	北	五六	二五	五〇	六
明堂一	巳	一七	五六	〇二	南	〇〇	三四	〇四	四
五帝座一	巳	一八	〇四	一四	北	一二	一六	五一	二
翼宿西增四	巳	一八	一一	一六	南	二三	四五	〇三	六
天社內增五	巳	一八	二六	〇七	南	六五	四〇	〇〇	三
郎位十五	巳	一八	二九	〇九	北	二〇	〇二	五一	六

郎位西增一	巳	一八	三五五九	北	二七	五一五六	六	郎位西增二	巳	一八	四一二八	北	二七	三二三五	六
天社四	巳	一八	五七〇五	南	六五	四八一七	二	五帝座四	巳	一九	〇四二七	北	一三	五三二一	六
明堂北增一	巳	一九	二〇一一	北	〇〇	一六〇九	六	翼宿十一	巳	一九	二九三一	南	一五	五九〇一	六
翼宿西增五	巳	一九	二九三三	南	二四	五九四二	六	五帝座五	巳	一九	三二〇五	北	〇九	三一〇七	六
海石一	巳	一九	三四五六	南	七二	三八五九	二	輔東增三	巳	一九	三六三四	北	五八	二五一〇	六
內屏一	巳	一九	四五二九	北	〇六	〇六二一	五	郎位十	巳	二〇	〇三一九	北	二三	二八三三	五
翼宿一	巳	二〇	一一四三	南	二二	四二〇〇	四	郎位一	巳	二〇	一七二四	北	二八	二四〇二	五
內屏內增二	巳	二〇	二二一五	北	〇六	二一三三	六	郎位七	巳	二〇	三〇二九	北	二五	四七三二	五
內屏二	巳	二〇	三四三五	北	〇四	三五三九	五	郎位三	巳	二〇	四〇四〇	北	二七	二六五四	五
郎位十四	巳	二〇	四一〇六	北	一九	五九〇七	六	三公二	巳	二〇	四六〇〇	北	五二	五二〇〇	五

星名	黃道經度 宮	十度	十分	十秒	黃道緯度 向	十度	十分	十秒	等
郎位六	巳	二〇	四七	二三	北	二六	一一	四七	五
常陳一	巳	二〇	五八	二二	北	四〇	〇七	一八	二
郎位二	巳	二一	二六	三二	北	二七	三六	三六	六
內屏內增三	巳	二一	五四	四七	北	〇七	一四	五三	六
五諸侯西增七	巳	二一	五九	三〇	北	一六	二七	〇〇	六
翼宿十	巳	二二	四〇	五九	南	一三	二八	二八	四
郎位八	巳	二三	〇三	一五	北	二五	二九	一〇	五
搖光	巳	二三	一八	四〇	北	五四	二四	三〇	二
明堂三	巳	二〇	四八	一三	南	〇五	四二	二二	四
郎位四	巳	二一	〇一	五五	北	二七	〇六	五〇	五
明堂二	巳	二一	二七	五二	南	〇三	〇三	三五	四
郎位五	巳	二一	五五	二九	北	二六	二九	一一	五
常陳東增二	巳	二三	二七	一七	北	四三	四〇	三五	六
郎位九	巳	二三	五四	四四	北	二四	五四	五〇	五
翼宿七	巳	二三	〇八	五〇	南	一七	三五	二〇	四
天記東增二	巳	二三	二五	三〇	南	四八	一四	四五	四

右執法	巳	二三	三一一四	北	〇〇	四〇四七	三
常陳東增四	巳	二三	四九四〇	北	四一	五一四四	六
常陳東增五	巳	二三	五二四〇	北	四一	四〇一五	五
內屏三	巳	二三	五八二九	北	〇六	〇八五二	五
五諸侯五	巳	二四	〇一四四	北	一五	一三五五	五
常陳東增三	巳	二四	一二四〇	北	四四	一二二四	六
翼宿南增六	巳	二四	四八二八	南	三〇	〇八四八	六
內屏南增六	巳	二四	五七三一	北	〇三	二〇三一	五
翼宿十三	巳	二五	〇一二六	南	一一	一八三三	四
內屏北增四	巳	二五	二三一三	北	一〇	四四二四	六

三公一	巳	二三	四八〇二	北	五〇	五一四〇	五
五諸侯北增六	巳	二三	五〇五一	北	一八	一九五三	五
翼宿九	巳	二三	五四二〇	南	一四	三五一六	五
常陳東增六	巳	二三	五八五八	北	四一	四〇三五	六
內屏四	巳	二四	〇八〇六	北	〇八	三一二九	五
郎位十三	巳	二四	二八二六	北	二二	〇二三八	六
郎位十一	巳	二四	五二〇一	北	二四	〇七〇九	四
翼宿十六	巳	二五	〇〇三五	南	二五	三七三三	三
天社五	巳	二五	一七三三	南	六三	四二三〇	二
翼宿二	巳	二五	四一一六	南	一九	三九二二	四

星名	黃道經度 宮	十度	十分	十秒	黃道緯度 向	十度	十分	十秒	等
郎將西增一	巳	二五	四二	五二	北	二九	五八	二四	六
翼宿四	巳	二五	五一	四三	南	二〇	四九	三一	五
郎將	巳	二六	一五	二四	北	三〇	一二	二四	四
內平東增五	巳	二六	二四	五六	北	〇六	一九	三一	六
郎位十二	巳	二六	三三	三八	北	二三	〇八	一〇	五
五諸侯北增五	巳	二六	五二	二三	北	二〇	一七	五七	五
翼宿南增七	巳	二六	五九	一一	南	三〇	四一	一二	六
翼宿十五	巳	二七	三〇	一四	南	二一	二五	〇八	六
翼宿二十	巳	二五	四六	四〇	南	三〇	一六	三一	五
天牀三	巳	二五	五四	三〇	北	七五	二三	二三	六
天槍一	巳	二六	二一	三九	北	五八	五四	四四	四
周鼎二	巳	二六	二八	〇四	北	三三	五六	三六	四
郎將東增二	巳	二六	四四	五八	北	三〇	〇五	三一	五
翼宿八	巳	二六	五三	五二	南	一四	一三	二二	五
五諸侯四	巳	二七	二七	一〇	北	一五	二六	〇六	六
天槍二	巳	二七	三一	〇〇	北	五八	五一	五〇	四

星名	宮	度	分	南北	度	分	等
五諸侯北增四	巳	二七	五一 四九	北	一九	一九 一二	六
天槍南增一	巳	二七	五四 二四	北	五六	三四 四八	六
翼宿十九	巳	二八	二一 〇七	南	二八	〇〇 〇四	六
九卿西增九	巳	二八	五一 三四	北	一二	四四 四七	六
上弼	巳	二九	二四 〇五	北	八四	四七 〇〇	三
翼宿十八	巳	二九	四〇 〇八	南	二七	〇一 一三	六
謁者	巳	二九	四七 一七	北	〇五	〇四 二二	四
海石北增一	巳	二九	四九 二九	南	六七	三〇 一〇	四
謁者西增一	巳	二七	五三 二二	北	〇二	四二 五二	六
翼宿十四	巳	二八	〇四 〇七	南	一〇	一四 四六	六
翼宿十七	巳	二八	二九 一五	南	二三	〇一 一七	六
天槍三	巳	二八	五九 〇〇	北	六〇	一〇 〇四	四
謁者北增二	巳	二九	二九 一八	北	〇七	〇七 〇九	六
五諸侯北增二	巳	二九	四四 四四	北	二四	四〇 四二	四
周鼎三	巳	二九	四七 四二	北	三一	四九 四一	四
九卿西增八	巳	二九	五二 五一	北	一二	四三 二二	六

清史稿卷三十三

志八

天文八

乾隆甲子年恆星黃道經緯度表三

黃道壽星辰宮至析木寅宮，凡六百七十六星，如左：

黃道星名	經度宮	經度十度	經度十分	經度十秒	緯度向	緯度十度	緯度十分	緯度十秒	等
海石內增二	辰	〇〇	〇七	二九	南	七〇	〇六	五〇	五
翼宿二	辰	〇〇	三〇	五〇	南	一八	一七	二九	四
五諸侯三	辰	〇〇	一九	四九	北	一九	四八	四二	五
尙書三	辰	〇〇	三〇	五八	北	八一	三七	一〇	五

星名	黃道經度 宮	十度	十分	十秒	黃道緯度 向	十度	十分	十秒	等
天社六	辰	○○	三七	五九	南	六四	一三	五三	四
尚書五	辰	○○	五二	四七	北	八三	一八	四○	五
左執法	辰	○一	一五	五二	北	○一	二二	○一	三
九卿三	辰	○一	三四	四五	北	一一	○九	五二	六
九卿北增五	辰	○一	四八	○五	北	一三	四一	三七	六
九卿內增七	辰	○一	四八	三三	北	一一	○一	一○	六
九卿北增一	辰	○一	五五	三○	北	一七	四八	○○	五
九卿北增三	辰	○二	○一	○五	北	一七	一二	五七	六
周鼎一	辰	○○	五一	三一	北	三二	二八	三三	五
左執法南增一	辰	○一	○一	四四	北	○一	○八	○八	六
左樞	辰	○一	一八	○五	北	七一	○四	○四	三
海石二	辰	○一	四六	一二	南	六七	○四	五四	二
尚書東增二	辰	○一	四八	二八	北	八三	一八	四○	六
九卿北增二	辰	○一	五五	二八	北	一七	四七	五七	六
九卿一	辰	○一	五五	三三	北	一三	三二	四九	五
五諸侯北增一	辰	○二	○七	五一	北	二七	一四	三九	六

天槍東增二	辰	○二	四二 六○	北	五 八	○五 五五	六	九卿北增四	辰	○二	一二 一七	北	一 五	○三 一九	五
翼宿六	辰	○二	四三 四二	南	一 六	四○ 六四	四	五諸侯二	辰	○二	五四 五八	北	二 一	五四 六六	五
三公一	辰	○二	○四 ○九	北	○ 八	三四 ○九	六	五諸侯一	辰	○二	○五 七○	北	二 五	五五 六五	五
青丘三	辰	○二	五五 六一	南	二 九	四二 一二	六	翼宿二十一	辰	○三	五○ 四一	南	二 四	一二 五四	六
九卿北增六	辰	○三	五一 一三	北	一 三	四二 五二	六	三公二	辰	○三	一二 四一	北	一 ○	四二 五四	六
元戈	辰	○三	五二 八二	北	五 四	二三 ○九	四	五諸侯東增三	辰	○三	二二 三七	北	二 一	一四 四五	六
東次將西增一	辰	○三	○四 五八	北	一 六	三四 三三	六	海山西增一	辰	○三	五四 一八	南	五 一	四○ 六二	四
九卿二	辰	○三	一五 八一	北	一 一	一三 五四	六	青丘四	辰	○三	二五 五六	南	三 ○	五五 九五	六
青丘五	辰	○四	四二 七二	南	三 一	五三 五五	四	軫宿北增二	辰	○四	五二 二三	南	○ 六	五一 二四	六
翼宿二十二	辰	○四	一四 八一	南	二 二	二一 六七	六	軫宿西增三	辰	○四	四四 一三	南	一 七	五五 九二	五

星名	黃道經度 宮	十度	十分	十秒	黃道緯度 向	十度	十分	十秒	等
海石三	辰	〇五	〇八	四六	南	六五	二一	三〇	五
東上將	辰	〇五	二三	三五	北	二二	五九	一二	四
東次將南增二	辰	〇五	五七	一〇	北	一二	三七	二七	六
東次將	辰	〇六	二二	四〇	北	一六	一二	五四	三
青丘內增一	辰	〇六	三八	〇二	南	三一	一八	四〇	六
海山西增二	辰	〇六	五四	〇八	南	五一	〇四	二一	三
軫宿一	辰	〇七	一〇	五八	南	一四	二九	〇〇	三
進賢西增九	辰	〇七	二七	二〇	南	〇一	三五	三二	六
青丘六	辰	〇五	一九	五一	南	三二	二一	二一	六
青丘內增二	辰	〇五	五二	四六	南	三二	一二	二七	六
三公三	辰	〇六	〇一	〇〇	北	〇八	〇一	四〇	六
東上相	辰	〇六	三七	一一	北	〇二	四八	五三	三
青丘南增三	辰	〇六	三九	一〇	南	三三	三九	二三	六
東次相西增一	辰	〇七	〇五	三〇	北	〇七	五五	五〇	六
海石內增三	辰	〇七	一六	二四	南	六九	二七	三一	五
青丘七	辰	〇七	三二	二六	南	三三	二六	三九	五

青丘二	辰	○七	三八 ○三	南	二六	二一 三○	六
東次相	辰	○七	五四 五四	北	○八	三八 二七	三
進賢南增八	辰	○八	三五 三八	南	○三	二七 二三	五
軫宿南增四	辰	○八	四五 二五	南	二○	二七 四五	六
天槍東增三	辰	○九	○二 一○	北	六○	○四 ○○	六
軫宿三	辰	○九	五四 一三	南	一二	○九 四七	三
帝席西增一	辰	一○	一四 五三	北	三三	五九 二○	六
左轄	辰	一○	一六 ○七	南	一一	三九 五五	五
右攝提西增二	辰	一○	二八 三四	北	三○	三二 ○○	六
元戈東增一	辰	一○	四四 ○二	北	五五	二七 三九	六
軫宿北增一	辰	○七	五四 五二	南	○五	一九 四七	六
軫宿二	辰	○八	○六 五八	南	一九	三九 四一	四
右轄	辰	○八	四○ 三五	南	二一	四四 二六	四
進賢南增七	辰	○九	○○ 四九	南	○二	四四 二五	六
青丘一	辰	○九	四九 四七	南	三一	二八 一六	四
進賢西增一	辰	一○	○四 二四	北	○二	○○ 三四	六
長沙	辰	一○	一四 五八	南	一八	一六 四○	五
東次將東增三	辰	一○	二六 ○三	北	一六	一三 ○七	六
少宰	辰	一○	三九 ○○	北	七八	二六 三○	三
東上將東增一	辰	一一	二三 ○七	北	二一	二四 三五	六

星名	黃道經度 宮	十度	十分	十秒	黃道緯度 向	十度	十分	十秒	等
飛魚三	辰	一一	三三	五五	南	七五	三三	二二	五
進賢	辰	一一	三七	五五	北	〇二	二一	五〇	六
進賢北增三	辰	一一	四一	三二	北	〇二	五二	五五	六
元戈東增二	辰	一一	四七	四八	北	五七	五四	〇一	六
天田西增一	辰	一二	一二	一七	北	一二	三九	三〇	五
進賢北增四	辰	一二	三三	四五	北	〇二	五六	一五	六
東上將東增二	辰	一二	四九	一七	北	一八	四二	四九	六
上宰	辰	一三	〇九	一二	北	七四	二六	〇〇	三

星名	黃道經度 宮	十度	十分	十秒	黃道緯度 向	十度	十分	十秒	等
右攝提西增三	辰	一一	三六	五六	北	二八	一一	二六	六
進賢北增三	辰	一一	三九	〇一	北	〇二	二三	〇四	六
帝席三	辰	一一	四五	三八	北	三六	三三	一〇	五
軫宿南增五	辰	一二	〇一	一五	南	二〇	二三	四二	六
進賢南增六	辰	一二	一六	三〇	南	〇三	〇三	一六	六
進賢南增五	辰	一二	三七	二五	南	〇三	二五	二二	五
帝席二	辰	一二	五八	〇五	北	三六	五三	一六	六
右攝提西增一	辰	一三	一一	一七	北	三〇	一四	二八	五

天田西增二	辰	一三	二四	〇六	北	一二	四八	一一	六
軫宿四	辰	一三	四八	二五	南	一八	〇一	四〇	三
天槍東增四	辰	一四	一一	一一	北	六〇	三二	三七	六
右攝提二	辰	一四	二二	三〇	北	二六	三二	〇八	四
右攝提三	辰	一五	三六	五七	北	二五	一二	四七	四
飛魚五	辰	一五	五二	三八	南	八二	二七	二六	五
角宿西增十四	辰	一六	二六	二八	南	〇二	四二	三一	六
帝席一	辰	一六	二八	〇四	北	三五	四一	〇三	五
角宿西增十三	辰	一六	四九	二七	南	〇二	二一	二五	六
角宿西增一	辰	一七	三一	〇〇	北	〇三	三五	五一	六
海石四	辰	一三	二八	〇〇	南	六六	一七	一六	五
招搖	辰	一四	〇三	一八	北	四九	三三	〇〇	三
海山一	辰	一四	一四	二六	南	五九	五三	〇四	五
平道一	辰	一四	三九	二三	北	〇一	四五	二九	四
右攝提一	辰	一五	四三	三二	北	二八	〇七	三五	三
角宿西增十五	辰	一六	一〇	〇九	南	〇三	一五	〇三	五
南船一	辰	一六	二七	五八	南	六二	三五	一三	四
天田一	辰	一六	四八	四八	北	一二	三三	〇一	六
飛魚一	辰	一七	〇〇	二四	南	七二	一一	〇五	五
角宿西增十二	辰	一七	三六	〇七	南	〇二	一五	二五	六

星名	黃道經度 宮	度	分	秒	黃道緯度 向	度	分	秒	等
角宿西增十一	辰	一八	一二	五二	南	〇一	五八	三八	六
角宿二	辰	一八	三四	五〇	北	〇八	三九	〇九	三
梗河三	辰	一九	一〇	五〇	北	四二	二七	五七	四
角宿西增十	辰	一九	一三	一九	南	〇二	三五	二六	六
南船二	辰	一九	二五	五四	南	六一	二五	三八	四
海山三	辰	一九	四六	二五	南	五六	五一	〇七	四
角宿一	辰	二〇	一六	二一	南	〇二	〇一	五九	一
角宿東增四	辰	二〇	三一	一二	北	〇四	一五	二一	六
海山二	辰	一八	三一	三六	南	五八	五四	四三	四
天田北增三	辰	一九	〇〇	〇四	北	一三	一六	四五	六
天門一	辰	一九	一〇	五六	南	〇七	五三	二〇	四
海石五	辰	一九	一七	三一	南	六七	二八	三三	四
角宿內增二	辰	一九	四四	一八	北	〇二	四七	二五	六
角宿東增三	辰	二〇	〇一	二七	北	〇三	〇八	五五	六
梗河二	辰	二〇	一六	三三	北	四二	〇八	二四	五
天門南增三	辰	二〇	三一	二〇	南	一〇	一二	〇六	六

七公西增五	辰	二〇	三八 四一	北	五四	一〇 三八	三	大角	辰	二〇	三八 五二	北	三〇	五七 〇〇	一
七公西增六	辰	二〇	五一 〇一	北	五二	五八 四〇	六	亢池二	辰	二一	〇三 二三	北	二六	二九 三一	六
角宿南增九	辰	二一	一一 四八	南	〇三	一八 二四	五	天門南增二	辰	二一	一五 三〇	南	一一	〇六 二四	六
平西增一	辰	二一	一七 〇五	南	一四	三三 一五	六	天門南增四	辰	二一	二八 一〇	南	〇九	九〇 〇五	四
天門南增一	辰	二一	二八 二〇	南	一一	〇〇 五〇	六	角宿東增八	辰	二一	四〇 五一	南	〇〇	一四 〇七	六
角宿東增五	辰	二一	五五 二四	北	〇二	〇九 二〇	六	亢池一	辰	二一	五六 一一	北	二八	二七 〇〇	五
天門南增五	辰	二二	一三 二二	南	〇八	一九 四一	六	天門二	辰	二二	三四 一五	南	〇六	一七 五四	五
天田南增四	辰	二二	四〇 〇九	北	一一	五九 三四	六	亢池三	辰	二二	五三 四二	北	二四	五一 〇〇	六
天田西增五	辰	二三	〇六 三二	北	一二	〇九 四一	六	平道二	辰	二三	〇八 三一	北	〇一	四三 四五	六
大角東增一	辰	二三	二三 〇〇	北	三一	四五 一四	五	平一	辰	二三	二七 三〇	北	一三	四三 一八	三

星名	黃道經度 宮	度	分	秒	黃道緯度 向	度	分	秒	等
天門東增六	辰	二三	三三	三〇	南	〇五	一四	三四	六
馬尾三	辰	二三	五五	三三	南	四四	二七	二一	三
亢池四	辰	二四	〇八	五二	北	二五	一〇	一五	六
梗河南增五	辰	二四	二一	二二	北	四〇	〇〇	〇九	六
庫樓九	辰	二四	三一	〇三	南	四〇	三五	〇〇	六
角宿東增七	辰	二五	二八	〇六	南	〇一	二一	四六	六
馬尾二	辰	二五	五〇	〇三	南	四五	三一	〇六	五
天門東增八	辰	二六	三五	〇三	南	〇四	三〇	三八	六

星名	黃道經度 宮	度	分	秒	黃道緯度 向	度	分	秒	等
天田南增六	辰	二三	三七	二二	北	〇九	三七	二二	六
角宿東增六	辰	二四	〇一	〇七	北	〇四	〇四	〇四	六
天田二	辰	二四	〇九	五六	北	一二	〇四	五〇	五
梗河一	辰	二四	二九	三五	南	四〇	三八	二一	三
天門東增十一	辰	二四	三七	一四	南	〇八	二六	四〇	六
南船三	辰	二五	三二	四〇	南	六二	〇七	三四	三
天門東增七	辰	二六	一一	〇五	南	〇五	〇六	三二	六
庫樓十	辰	二七	一一	〇七	南	四二	二一	五八	五

天門東增十	辰	二七	四四	三四	南	○六	一八	一九	六	庫樓八	辰	二七	四六	一五	南	四○	○四	三四	四
馬尾一	辰	二七	四六	四六	南	四三	三○	○四	六	海山四	辰	二七	五三	○九	南	五五	一六	三八	四
左攝提二	辰	二八	一五	○六	北	三○	二三	一八	三	柱十	辰	二八	一九	五一	南	二四	三五	二○	五
南船五	辰	二八	二一	三六	南	七二	一三	○八	二	天門東增九	辰	二八	二四	三六	南	○六	二一	二七	五
庫樓七	辰	二八	四六	三六	南	四○	○六	二九	二	七公五	辰	二八	五四	二五	北	五七	○五	五四	六
亢宿西增一	辰	二八	五五	三○	北	○三	四一	四八	六	七公內增九	辰	二九	○七	二七	北	五七	一四	一七	六
亢宿西增二	辰	二九	一○	二五	北	○三	一九	五九	六	左攝提一	辰	二九	一二	四五	北	三一	一七	○七	四
左攝提三	辰	二九	二五	二一	北	二七	五三	四二	三	七公七	辰	二九	三三	○八	北	四九	○○	一○	三
七公六	辰	二九	三六	一三	北	五三	二六	五六	四	柱十一	辰	二九	三六	一四	南	二五	五六	五六	三
亢宿西增十二	辰	二九	四九	四○	北	一一	○二	五七	五	梗河東增一	辰	二九	五五	二○	北	四二	一一	四○	五

星名	黃道經度 宮	十度	十分	十秒	黃道緯度 向	十度	十分	十秒	等
左攝提北增一	辰	二九	五五	三三	北	三三	四七	二八	四
梗河東增四	卯	〇〇	一一	四八	北	四〇	一一	三三	五
亢宿北增十一	卯	〇〇	一八	〇五	北	一一	三〇	〇三	五
亢宿內增四	卯	〇〇	四二	四二	北	〇三	一五	二三	六
亢宿一	卯	〇〇	五五	四〇	北	〇二	五五	四〇	四
七公東增十	卯	〇一	三〇	二三	北	五七	一四	四六	六
左攝提南增三	卯	〇一	三八	二八	北	二二	四一	三二	五
七公東增八	卯	〇一	四四	四三	北	五五	四八	五〇	五
亢宿西增三	卯	〇〇	〇一	五四	北	〇二	三二	二〇	五
亢宿二	卯	〇〇	一二	三六	北	〇七	一五	四〇	四
左攝提南增二	卯	〇〇	二三	三三	北	二五	五九	五五	六
海山五	卯	〇〇	五三	五四	南	五六	四六	四七	四
梗河東增二	卯	〇一	一九	二二	北	四一	五四	四三	六
貫索西增一	卯	〇一	三六	一〇	北	四五	〇四	〇七	五
梗河東增三	卯	〇一	三九	三八	北	四〇	二五	一九	五
亢宿三	卯	〇一	五三	五四	北	一一	四七	二五	四

十字架四	卯	〇二	〇八二六	南	五〇	二一一三	三	平北增二	卯	〇二	四四三四	南	一二	〇二〇六	六
貫索西增二	卯	〇二	五〇一六	北	四五	五七五二	六	庫樓五	卯	〇二	五六一六	南	二七	三四五三	四
亢宿東增六	卯	〇二	五九四二	北	〇八	〇四二三	六	庫樓六	卯	〇三	〇六一七	南	三七	〇三二九	四
柱九	卯	〇三	〇七四三	南	二〇	三三三四	四	十字架一	卯	〇三	一〇四八	南	四七	四四四九	二
平北增三	卯	〇三	一七四三	南	一一	五二三〇	六	亢宿四	卯	〇三	二三一三	北	〇〇	三一〇四	四
貫索西增三	卯	〇三	二九四五	北	四六	四九三〇	五	亢宿東增五	卯	〇三	三三〇一	北	〇七	二五五六	六
飛魚四	卯	〇三	四五二一	南	七六	四五〇〇	六	南船四	卯	〇三	四六二五	南	六七	二一一八	四
柱七	卯	〇四	一二五五	南	一八	五七〇〇	四	柱八	卯	〇四	二一〇〇	南	二〇	〇二五〇	四
庫樓四	卯	〇四	二六三六	南	二一	三四四〇	四	七公四	卯	〇四	三四〇七	北	六〇	一五五〇	六
七公內增十二	卯	〇四	三七三八	北	六一	〇五二一	六	七公東增七	卯	〇四	四三二二	北	五三	五九三一	四

黃道星名	經度 宮	經度 十度	經度 十分	經度 十秒	緯度 向	緯度 十度	緯度 十分	緯度 十秒	等
七公西增四	卯	○四	四七	四○	北	六四	二二	三○	五
平二	卯	○四	五六	○八	南	一三	○三	五八	四
七公內增十一	卯	○五	三○	二二	北	六○	三九	五○	六
貫索二	卯	○五	五○	二○	北	四八	三四	五○	四
飛魚二	卯	○六	一五	四九	南	八二	三五	二七	五
折威西增一	卯	○六	三七	三八	南	一三	○四	一一	六
亢宿東增八	卯	○七	二六	○九	北	一三	三○	一七	六
衡一	卯	○七	三二	一四	南	二八	一二	五九	四
亢宿東增十	卯	○四	五五	五○	北	一七	○七	○一	四
亢宿東增九	卯	○五	○七	四四	北	一五	五六	五二	六
貫索三	卯	○五	三○	五三	北	四六	○四	四○	四
庫樓內增一	卯	○六	○六	五○	南	三五	一○	四九	氣
亢宿東增七	卯	○六	三二	二三	北	○九	四三	○八	四
海山六	卯	○七	二一	○八	南	五八	二九	三七	五
折威一	卯	○七	二九	四四	南	一二	四五	三三	五
衡二	卯	○七	五八	三八	南	二八	五五	五九	四

七公三	卯	〇八	〇三二六	北	六三	四九三六	六
馬腹三	卯	〇八	一二二七	南	四三	四九五七	五
貫索一	卯	〇八	三五四一	北	五〇	三〇〇三	五
庫樓三	卯	〇八	四五一八	南	二一	五九〇六	二
氐宿北增二十七	卯	〇九	〇二四二	北	一八	三四一五	六
折威南增二	卯	〇九	〇五〇〇	南	一二	五四二一	五
七公北增二	卯	〇九	二一四七	北	七二	五九一六	五
衡三	卯	〇九	二七三八	南	二七	五八三三	四
七公東增十三	卯	〇九	三六三五	北	六二	五六三〇	六
馬腹二	卯	一〇	二五三五	南	四二	一九二四	五
十字架三	卯	〇八	〇五四一	南	四八	三四〇一	二
十字架二	卯	〇八	一九三三	南	五二	四九二四	二
貫索四	卯	〇八	四〇五六	北	四四	二一一七	二
貫索北增四	卯	〇九	〇二三四	北	五三	五九四三	五
貫索北增五	卯	〇九	〇三二一	北	五六	二五三二	五
七公北增一	卯	〇九	二〇三二	北	七三	〇一〇〇	五
氐宿北增二十八	卯	〇九	二七〇七	北	一六	二一三〇	六
氐宿北增二十九	卯	〇九	三五一八	北	一二	〇〇四八	五
氐宿西增六	卯	一〇	一三二七	北	〇〇	三五三八	六
衡四	卯	一〇	三二二四	南	二六	三五一〇	五

星名	黃道經度 宮	度	分	秒	黃道緯度 向	度	分	秒	等
氐宿西增五	卯	一〇	三六	四三	北	〇二	〇三	五四	五
周西增一	卯	一〇	四二	二〇	北	三二	五八	五五	六
七公二	卯	一〇	四九	一一	北	六五	五三	〇〇	四
貫索五	卯	一一	一六	五〇	北	四四	三二	一八	四
庫樓一	卯	一一	二三	三九	南	三二	五二	一四	三
氐宿一	卯	一一	三一	四〇	北	〇〇	二二	五一	二
折威三	卯	一一	三七	四〇	南	〇九	〇一	二二	六
柱一	卯	一一	四六	三四	南	三〇	五〇	四〇	五
折威二	卯	一〇	四〇	五五	南	一〇	〇二	二六	五
柱二	卯	一〇	四九	〇五	南	三〇	二三	一四	五
氐宿西增四	卯	一一	〇七	三一	北	〇四	三四	三八	六
蜀西增二	卯	一一	一八	三一	北	二三	一一	〇〇	六
氐宿西增七	卯	一一	二七	五五	北	〇〇	二四	二六	六
氐宿西增三	卯	一一	三二	五九	北	〇五	一二	二七	六
氐宿西增一	卯	一一	四三	三四	北	〇八	一六	三四	四
南門一	卯	一一	五七	一九	南	三九	三〇	一六	二

氐宿西增二	卯	一一	五七五五	北	○五	三七○三	六
七公西增三	卯	一二	○七四六	北	六九	○一三八	六
氐宿南增八	卯	一二	二四一四	南	○一	四五三○	六
折威五	卯	一二	三○二九	南	○八	四二一一	六
氐宿北增二十六	卯	一二	四九○八	北	一七	五○二三	六
氐宿北增二十四	卯	一三	一五○○	北	一九	二七○六	六
貫索六	卯	一三	二三一四	北	四四	五三○五	四
貫索九	卯	一三	三三二四	北	五二	三○二四	六
周西增七	卯	一三	三六○五	北	三八	○八二一	五
折威南增五	卯	一三	四六四九	南	○九	二六五○	六
飛魚六	卯	一二	○五四八	南	七九	二一四六	五
柱六	卯	一二	○九三七	南	二二	二七○八	四
折威四	卯	一二	二八一七	南	○八	四三○九	六
周西增五	卯	一二	三八一七	北	三五	四八四○	六
折威南增三	卯	一三	一五○○	南	○九	○○五○	五
柱五	卯	一三	一六○四	南	二三	四七○三	四
周西增三	卯	一三	二五○○	北	三四	二三二八	六
折威南增四	卯	一三	三四一○	南	○九	○一五六	六
周西增二	卯	一三	四六○五	北	三三	二四○九	六
氐宿北增二十五	卯	一四	○二○四	北	一八	三二○六	六

星名	黃道經度 宮	十度	十分	十秒	黃道緯度 向	十度	十分	十秒	等
周西增六	卯	一四	〇八	一七	北	三六	五九	五四	六
貫索北增六	卯	一四	二七	五一	北	五五	五七	四五	六
秦	卯	一四	四五	三四	北	二八	五四	二三	三
陣車一	卯	一四	五三	五八	南	一一	〇三	〇九	五
氐宿內增十	卯	一五	一三	〇一	北	〇一	一三	四三	五
氐宿內增九	卯	一五	一九	一六	北	〇一	〇一	三二	六
秦南增一	卯	一五	二四	三八	北	二七	三〇	五五	六
氐宿北增二十三	卯	一五	三〇	一八	北	二〇	〇七	〇二	六
南船東增一	卯	一四	二五	五五	南	六七	五二	三四	五
周西增四	卯	一四	四二	五四	北	三四	三六	一二	六
折威六	卯	一四	四七	四七	南	〇七	三七	三三	六
陣車內增一	卯	一四	五五	〇〇	南	一一	〇三	二〇	五
柱三	卯	一五	一四	一七	南	三〇	〇八	五〇	五
周北增九	卯	一五	二一	三四	北	三六	〇二	三三	六
貫索八	卯	一五	二四	三八	北	四九	一一	二一	五
貫索七	卯	一五	三一	一五	北	四六	〇六	二七	四

折威南增六	卯	一五	四三四八	南	○八	一一○五	六	七公一	卯	一五	四七四九	北	六九	三四○五	六
陽門二	卯	一五	四八二七	南	一八	一九五八	四	氐宿四	卯	一五	四八四○	北	○八	三二○三	二
貫索南增十三	卯	一五	五六二一	北	四○	○一三九	三	周南增十四	卯	一五	五七三一	北	三一	三四○○	六
柱四	卯	一六	○四二九	南	二八	五六一八	五	周北增八	卯	一六	一一四七	北	三七	○八五○	四
周	卯	一六	二二○三	北	三四	二一三○	三	陽門一	卯	一六	二二五○	南	二○	五五○九	四
周北增十	卯	一六	二五五三	北	三五	三四○四	六	周北增十一	卯	一六	三○二○	北	三四	二七五○	五
蜜蜂一	卯	一六	三四五一	南	五五	一一一○	四	陣車北增二	卯	一六	三七○一	南	一○	一三五○	六
庫樓二	卯	一六	三九四三	南	二五	二八○六	三	蜜蜂三	卯	一六	五○三九	南	五六	二九五○	四
周南增十二	卯	一七	○六○六	北	三三	○九三六	六	折威七	卯	一七	○七三一	南	○七	三五五六	三
氐宿內增十二	卯	一七	二六二○	北	○○	一八○三	六	氐宿二	卯	一七	二六四三	南	○一	四八二三	四

黃道 星名	黃道經度 宮	十度	十分	十秒	黃道緯度 向	十度	十分	十秒	等
陣車二	卯	一七	二八	一九	南	一〇	二三	五二	六
氐宿內增十一	卯	一七	三九	三〇	南	〇一	三五	五八	六
貫索北增七	卯	一七	四九	四三	北	五三	五二	四一	六
氐宿北增二十二	卯	一八	二〇	一八	北	一八	一七	三八	六
蜀	卯	一八	二八	二二	北	二五	三一	五六	二
氐宿內增十八	卯	一八	四三	三二	北	〇三	二二	一八	六
氐宿內增十三	卯	一八	五九	二六	北	〇〇	一八	五六	六
鄭	卯	一九	〇八	〇四	北	三五	一九	三二	三
氐宿北增二十一	卯	一七	三四	五七	北	一七	二七	五四	六
氐宿北增二十	卯	一七	四六	四三	北	〇八	〇五	四四	四
七公東增十四	卯	一七	五七	一三	北	六二	二〇	五八	五
氐宿內增十七	卯	一八	二一	四八	北	〇二	四九	四六	六
貫索南增十二	卯	一八	三三	二三	北	四二	二八	五二	四
蜀北增一	卯	一八	四九	五六	北	二六	三四	五三	四
周東增十三	卯	一九	〇一	一八	北	三二	四一	一八	六
巴南增一	卯	一九	二七	五〇	北	二一	四五	〇三	六

車騎三	卯	一九	三六三六	南	三三	二一五〇	五
七公東增十五	卯	一九	四〇五〇	北	六三	一一四八	四
晉西增一	卯	一九	五五三〇	北	三七	三六〇四	三
車騎二	卯	二〇	〇五三八	南	三二	〇四四九	五
騎官九	卯	二〇	一五〇〇	南	二五	四九四〇	五
天紀北增三	卯	二〇	二五五六	北	五四	一六三〇	五
貫索東增八	卯	二〇	三六一五	北	四九	二八〇四	六
氐宿東增十五	卯	二〇	五一四〇	北	〇二	二三〇六	六
頓頑二	卯	二一	〇六〇〇	南	一二	五八二一	五
巴南增二	卯	二一	一二〇五	北	二一	四七三八	六
天紀北增二	卯	一九	三六五二	北	五七	五三一〇	三
騎官十	卯	一九	五五二三	南	二九	五七四二	三
氐宿北增十九	卯	二〇	〇四四一	北	〇八	五六五〇	六
馬腹一	卯	二〇	一三二七	南	四四	〇三四七	二
氐宿東增十六	卯	二〇	二〇三〇	北	〇二	〇八一七	六
蜜蜂四	卯	二〇	二八二八	南	五六	四〇二七	五
巴	卯	二〇	四四二二	北	二四	〇二〇五	三
天乳北增一	卯	二一	〇四四六	北	一七	三九二五	六
貫索東增十一	卯	二一	〇八二三	北	四三	四三四七	五
天棓西增九	卯	二一	一二四五	北	七六	一七一〇	四

星名	黃道經度 宮	十度	十分	十秒	黃道緯度 向	十度	十分	十秒	等
騎官三	卯	二一	一三	〇四	南	二四	〇〇	〇四	四
陣車三	卯	二一	二四	二四	南	一一	二八	一二	五
氐宿東增十四	卯	二一	二七	〇五	北	〇二	一六	三九	四
天紀一	卯	二一	三九	一〇	北	五一	二七	〇〇	五
晉	卯	二二	〇六	二六	北	三七	一四	五七	四
天乳南增三	卯	二二	一六	四六	北	一五	五一	〇〇	六
貫索東增九	卯	二二	二三	一三	北	四六	二五	二二	六
貫索東增十	卯	二二	四〇	一二	北	四三	三八	四七	六
天紀北增四	卯	二一	一九	一六	北	五二	五四	〇八	五
騎官四	卯	二一	二六	三三	南	二四	五九	二〇	三
氐宿三	卯	二一	三三	五三	北	〇四	二五	二七	四
南門南增一	卯	二二	〇六	一八	南	四二	五一	二九	五
晉北增二	卯	二二	一六	〇〇	北	三七	二六	四六	五
天乳	卯	二二	二二	〇八	北	一六	一六	一一	四
蜜蜂二	卯	二二	三六	二五	南	五八	四七	四二	五
天乳北增二	卯	二二	四二	一三	北	一六	四一	四九	六

天紀北增五	卯	二二	五二〇八	北	五三	三二〇六	六
七公東增十六	卯	二三	〇七四二	北	六七	二六一九	五
巴東增三	卯	二三	一七五四	北	二四	三二三〇	五
河間西增一	卯	二三	四六三四	北	三九	二二四二	六
頓頑一	卯	二三	五五一八	南	一七	〇六四七	五
斗西增三	卯	二四	〇一一七	北	三〇	二八一四	六
騎官八	卯	二四	〇六〇八	南	二八	二〇二三	五
日	卯	二四	一二〇〇	北	〇〇	〇一四五	四
頓頑南增一	卯	二四	二〇五九	南	一七	三七四七	六
斗西增五	卯	二四	三〇五六	北	二八	五八四三	六
天棓北增十	卯	二三	〇二四〇	北	八四	三四三〇	六
晉東增三	卯	二三	一四五九	北	三七	〇三三三	六
日西增一	卯	二三	二四〇二	北	〇〇	一四〇七	六
西咸四	卯	二三	四七三八	北	〇四	〇二五二	四
斗西增四	卯	二三	五六四七	北	三〇	一五二五	六
巴東增四	卯	二四	〇五一〇	北	二五	一五四二	六
騎官五	卯	二四	〇八四八	南	二六	二七四七	五
斗二	卯	二四	一九〇七	北	三四	〇四四〇	六
天輻西增一	卯	二四	二六五四	南	〇八	三〇一六	六
房宿西增三	卯	二四	四五三四	南	〇四	〇五三八	六

星名	黃道經度 宮	十度	十分	十秒	黃道緯度 向	十度	十分	十秒	等
天輻一	卯	二五	〇二	二八	南	〇八	二八	〇九	四
天紀北增一	卯	二五	〇七	〇八	北	六〇	一九	四七	三
河間	卯	二五	三六	三三	北	四〇	〇二	〇六	三
天紀南增六	卯	二五	三八	二七	北	五一	四一	三七	六
騎陣將軍	卯	二五	五四	二八	南	二九	三五	五六	五
西咸北增一	卯	二六	一七	一六	北	一二	〇〇	〇九	六
南門二	卯	二六	二〇	〇七	南	四二	二六	五八	一
騎官六	卯	二六	三二	一五	南	二五	一一	一四	四
騎官二	卯	二五	〇四	二九	南	二一	二一	〇五	四
斗三	卯	二五	三六	三〇	北	三二	一二	〇五	五
小斗西增一	卯	二五	三六	三九	南	七五	二四	二二	五
天輻二	卯	二五	四六	一七	南	〇九	五八	五〇	四
斗內增二	卯	二五	五四	五〇	北	三二	一〇	二九	六
西咸三	卯	二六	一八	〇四	北	〇三	三〇	〇四	四
斗南增六	卯	二六	二三	一三	北	二八	三七	五〇	六
斗南增七	卯	二六	三八	〇〇	北	二五	五七	二四	六

小斗三	卯	二六	四四 二六	南	六八	○四 二九	五
西咸二	卯	二六	四九 ○四	北	○六	○七 四八	四
西咸北增二	卯	二六	五五 ○四	北	一一	二九 三二	六
車騎一	卯	二七	○七 二九	南	三二	四五 五六	五
小斗八	卯	二七	一九 ○三	南	七五	○一 五二	五
房宿西增四	卯	二七	三三 五○	南	○五	二六 三三	六
從官一	卯	二七	四七 二八	南	一四	三四 ○六	五
騎官一	卯	二七	五二 五三	南	二一	一一 一六	四
斗內增一	卯	二七	五九 四九	北	三五	一二 二五	六
房宿西增五	卯	二八	○三 ○八	南	四○	五四 一三	五
騎官七	卯	二六	四八 三六	南	二八	二六 三八	五
房宿西增二	卯	二六	五四 四三	北	○○	○七 五○	四
從官西增一	卯	二七	○五 四三	南	一四	二五 四四	六
房宿西增一	卯	二七	○七 三七	北	○○	○九 一二	六
河中	卯	二七	二九 四六	北	四二	四二 四一	三
西咸一	卯	二七	四三 四三	北	○九	一六 二九	五
罰三	卯	二七	四九 五三	北	○四	○四 二○	六
天紀二	卯	二七	五三 四九	北	五三	○七 一五	三
斗一	卯	二八	○○ ○二	北	三五	一二 四三	六
房宿西增六	卯	二八	四○ 四六	南	○五	四三 四八	六

星名	黃道經度 宮	十度	十分	十秒	黃道緯度 向	十度	十分	十秒	等
小斗二	卯	二八	四〇	四七	南	六三	五六	三六	五
罰二	卯	二八	四六	一一	北	〇八	〇四	四〇	六
房宿三	卯	二九	〇〇	五〇	南	〇一	五六	三一	三
斗南增九	卯	二九	一一	四二	北	二八	一一	三七	六
罰內增二	卯	二九	二〇	〇七	北	一〇	五四	三〇	五
天紀南增七	卯	二九	三一	四二	北	四八	三五	一二	五
房宿四	卯	二九	三七	五六	北	〇一	〇三	〇九	二
列肆一	卯	二九	五〇	五四	北	二二	一六	〇二	五

星名	黃道經度 宮	十度	十分	十秒	黃道緯度 向	十度	十分	十秒	等
梁	卯	二八	四三	一五	北	一七	一七	一五	三
南門南增二	卯	二八	四七	二二	南	四六	〇七	〇四	三
罰西增一	卯	二九	〇四	五四	北	一二	二九	二四	六
從官二	卯	二九	一四	四〇	南	一三	〇七	四八	五
房宿一	卯	二九	二二	二五	南	〇五	二五	四六	三
房宿二	卯	二九	三三	五二	南	〇八	三三	二五	四
斗南增八	卯	二九	三八	〇五	北	二六	二二	一四	六
罰一	卯	二九	五四	二三	北	一二	四六	三九	四

楚	卯	二九	四五 五五	北	一六	二二 〇八	三
罰東增三	寅	〇〇	一〇 一八	北	〇九	一一 六五	六
鈎鈐二	寅	〇〇	〇一 九七	北	〇〇	五〇 六五	五
小斗九	寅	〇〇	五三 二〇	南	七七	五二 六五	五
鍵閉	寅	〇一	一〇 一五	北	〇一	五四 〇〇	四
天紀南增九	寅	〇一	〇四 三一	北	五一	〇四 六八	五
小斗一	寅	〇一	四四 三五	南	六三	四三 一五	五
斗南增十一	寅	〇一	二四 一八	北	二七	三〇 四八	六
天紀北增十一	寅	〇一	二五 二三	北	五三	〇四 〇六	五
積卒二	寅	〇一	〇五 〇八	南	一七	〇二 〇一	五

鈎鈐一	寅	〇〇	三〇 五六	北	〇〇	〇一 五六	五
天紀南增八	寅	〇〇	一一 五三	北	五〇	四〇 三八	六
天紀北增十二	寅	〇〇	三二 三八	北	五五	二三 六〇	五
斗四	寅	〇〇	三三 七六	北	三三	四〇 六一	四
天紀南增十	寅	〇一	二〇 五九	北	五一	〇五 〇四	六
車肆一	寅	〇一	二四 〇三	北	一三	一〇 八〇	五
斗南增十	寅	〇一	三四 〇七	北	二七	一〇 七九	六
小斗七	寅	〇一	〇五 〇三	南	七三	二〇 五〇	六
小斗四	寅	〇一	五五 四七	南	六七	一四 七七	五
列肆二	寅	〇二	三〇 八〇	北	二三	三三 八五	四

星名	黃道經度 宮	十度	十分	十秒	黃道緯度 向	十度	十分	十秒	等
積卒一	寅	〇二	二九	〇〇	南	一五	三〇	〇〇	五
心宿南增二	寅	〇二	四〇	五九	南	〇六	三八	二二	六
魏西增一	寅	〇三	三一	五一	北	四六	四七	二三	五
心宿北增三	寅	〇三	五二	三五	南	〇二	三七	一〇	六
東咸三	寅	〇三	五九	一八	北	〇一	三六	〇九	五
斛南增四	寅	〇四	一二	四六	北	二六	五一	五六	六
斛南增六	寅	〇四	一四	一六	北	二六	一〇	五七	六
魏西增二	寅	〇四	一五	五九	北	四七	五八	三〇	六

星名	黃道經度 宮	十度	十分	十秒	黃道緯度 向	十度	十分	十秒	等
斗五	寅	〇二	三八	五五	北	二八	五三	〇五	六
心宿南增一	寅	〇二	四五	三五	南	〇七	〇七	〇三	六
小斗六	寅	〇三	四七	五九	南	七一	〇一	〇五	五
小斗五	寅	〇三	五三	五九	南	七〇	三七	〇七	五
列肆東增四	寅	〇四	〇八	一九	北	一九	三四	一七	六
斛南增五	寅	〇四	一三	五〇	北	二六	〇九	一七	六
心宿一	寅	〇四	一四	二四	南	〇三	五九	〇四	四
天紀四	寅	〇四	二二	三三	北	五五	五六	〇八	六

東咸二	寅	〇四	二五二五	北	〇三	一六三二	五
心宿北增四	寅	〇四	五二五八	南	〇一	四二三五	六
斛內增一	寅	〇四	五七四一	北	三〇	四一一八	六
東咸一	寅	〇五	〇六二六	北	〇五	一四四一	四
魏西增三	寅	〇五	一一一九	北	四七	四〇五〇	六
韓	寅	〇五	三八五五	北	一一	二五二七	三
三角形一	寅	〇五	四九一三	南	四八	〇一三二	三
斛南增三	寅	〇六	〇二五八	北	二七	二七四三	五
列肆東增二	寅	〇六	〇五〇三	北	二三	一一三〇	六
心宿北增五	寅	〇六	一〇一二	南	〇三	一一三〇	六
天紀三	寅	〇四	四一五六	北	五三	一九一二	三
斛四	寅	〇四	五七〇四	北	三〇	四一二〇	五
列肆東增三	寅	〇五	〇二四五	北	二三	一二三四	六
斛南增二	寅	〇五	〇九二二	北	二八	一二五七	六
天紀五	寅	〇五	一二〇五	北	五七	五四三五	六
宦者西增三	寅	〇五	四一三六	北	三七	一四二五	六
宦者西增二	寅	〇六	〇〇一四	北	四〇	四六三五	五
東咸四	寅	〇六	〇四五三	北	〇〇	二八〇四	五
宦者西增一	寅	〇六	〇五〇六	北	四〇	四五〇二	五
心宿二	寅	〇六	一一〇四	南	〇四	三一二六	一

黃道星名	經度宮	經度十度	經度十分	經度十秒	緯度向	緯度十度	緯度十分	緯度十秒	等
斛三	寅	〇六	二六	〇八	北	二九	三一	四五	五
天棓二	寅	〇六	五一	三三	北	七八	一一	一八	四
天棓西增八	寅	〇七	〇二	四八	北	六九	〇二	五〇	六
列肆東增一	寅	〇七	三九	一七	北	二三	三五	一六	六
金魚五	寅	〇七	五〇	三七	南	八七	三三	四八	六
斛二	寅	〇八	一五	一二	北	三一	五二	二〇	四
女牀一	寅	〇八	二六	一二	北	五九	三五	三〇	三
車肆二	寅	〇八	四八	〇五	北	一一	三八	〇〇	六
天棓西增一	寅	〇六	四六	一八	北	七八	一一	五〇	四
三角形內增二	寅	〇六	五四	二七	南	四五	一二	四八	五
斛一	寅	〇七	〇二	五一	北	三二	三二	一六	四
東咸東增一	寅	〇七	四三	一〇	北	〇四	二八	二五	六
心宿三	寅	〇七	五二	五六	南	〇六	〇四	二三	四
三角形二	寅	〇八	一八	三六	南	四一	一〇	五〇	三
天棓三	寅	〇八	三〇	四六	北	七五	一九	五五	三
魏北增四	寅	〇八	五〇	〇六	北	四九	五六	三〇	六

宦者一	寅	〇八	二五 一七	北	三六	〇四 〇二	六
天棓西增七	寅	〇九	五〇 三六	北	七一	三一 〇四	六
宦者二	寅	〇九	〇二 八三	北	三六	二一 〇五	六
宦者內增四	寅	〇九	四二 五七	北	三六	三一 五三	六
心宿東增八	寅	〇九	五五 四七	南	〇三	一〇 〇五	六
宦者三	寅	一〇	五〇 〇〇	北	三五	五二 〇六	六
天紀六	寅	一〇	二一 二九	北	五五	二五 四九	五
異雀八	寅	一〇	四四 五〇	南	五八	〇一 八三	四
三角形南增四	寅	一〇	二五 〇八	南	五一	三五 三一	六
魏	寅	一一	三〇 〇八	北	四七	四四 五三	四
魏西增五	寅	〇九	四〇 〇一	北	四七	三一 七一	六
女牀二	寅	〇九	三二 〇〇	北	六〇	三〇 五八	四
車肆北增一	寅	〇九	一二 六七	北	一六	〇二 一二	六
心宿東增六	寅	〇九	五三 六〇	南	〇〇	二四 〇五	六
三角形南增三	寅	〇九	一五 〇九	南	五二	五〇 六二	六
異雀九	寅	一〇	三〇 六七	南	五九	〇四 二五	六
心宿東增七	寅	一〇	二三 一〇	南	〇二	〇〇 五七	六
車肆北增二	寅	一〇	一五 七四	北	一八	二二 一八	六
異雀七	寅	一一	三〇 九二	南	六〇	一三 〇二	五
三角形北增一	寅	一一	四一 三五	南	四一	四三 一二	五

星名	宮	黃道經度 十度	十分	十秒	向	黃道緯度 十度	十分	十秒	等
天紀內增十三	寅	一一	三六	四一	北	五五	三一	五七	六
尾宿二	寅	一一	四八	三二	南	一一	三九	四九	五
宦者四	寅	一二	二一	二一	北	三三	二九	三七	六
帝座	寅	一二	三五	〇三	北	三七	一九	一五	三
天江西增九	寅	一二	五三	二一	南	〇二	一一	〇〇	六
魏東增六	寅	一三	〇九	〇六	北	四七	三一	四七	四
神宮	寅	一三	二二	五〇	南	一九	〇五	〇五	氣
天棓西增五	寅	一三	二六	四六	北	七〇	三三	〇〇	四

星名	宮	黃道經度 十度	十分	十秒	向	黃道緯度 十度	十分	十秒	等
女牀三	寅	一一	四七	〇二	北	六〇	一〇	四〇	四
宋西增一	寅	一一	五二	二三	北	〇九	四四	四五	六
尾宿一	寅	一二	二九	二四	南	一五	二四	五九	三
宋西增二	寅	一二	四一	四二	北	〇三	五五	五〇	六
尾宿北增一	寅	一三	〇七	〇一	南	一〇	二九	五六	六
魏東增七	寅	一三	一七	〇八	北	四七	三二	三〇	五
天棓西增六	寅	一三	二四	〇六	北	七〇	三三	一三	四
尾宿三	寅	一三	三四	二二	南	一九	三七	一七	四

天江西增十	寅	一三	三四	五五	南	〇二	五一	一七	六
天江西增八	寅	一三	五七	五五	北	〇一	二一	五〇	六
宦者東增五	寅	一四	一〇	〇〇	北	三三	五五	〇六	六
魏東增八	寅	一四	二九	二〇	北	四六	〇四	二九	六
候西增二	寅	一五	〇八	二七	北	三七	二一	一四	六
龜四	寅	一五	二〇	二七	南	三六	一三	一二	四
龜一	寅	一六	〇一	三一	南	三〇	一三	三四	三
天棓五	寅	一六	一六	〇六	北	六九	一八	四九	四
龜五	寅	一六	一六	三一	南	三三	〇一	四六	四
天江二	寅	一六	二七	一四	南	〇三	二四	〇九	五
天江西增十一	寅	一三	四五	一五	南	〇二	四六	四〇	六
天棓內增四	寅	一四	〇四	一六	北	七一	四八	四六	六
宋	寅	一四	二三	四六	北	〇七	一三	五三	三
異雀五	寅	一四	四二	三四	南	六二	〇四	四五	四
宗正西增三	寅	一五	一〇	〇四	北	二二	三八	三二	六
候西增一	寅	一五	五六	五四	北	三六	〇二	四五	六
天江一	寅	一六	一三	一五	南	〇三	五三	四七	六
趙	寅	一六	一六	二八	北	四九	二〇	一六	四
趙北增一	寅	一六	二一	四七	北	五一	三八	四〇	六
天江內增三	寅	一六	四〇	一五	南	〇三	二〇	〇八	六

星名	黃道經度 宮	十度	十分	十秒	黃道緯度 向	十度	十分	十秒	等
市樓四	寅	一六	四二	三九	北	一〇	一八	一一	四
天江東增二	寅	一六	五七	四六	南	〇三	二九	三九	六
宗正西增二	寅	一七	〇〇	五二	北	二七	二〇	三九	五
三角形三	寅	一七	一五	五九	南	四六	〇四	五一	二
天紀七	寅	一七	四〇	〇八	北	五四	二一	〇〇	五
天江內增五	寅	一七	四五	二七	南	〇一	四二	二八	六
市樓五	寅	一八	一三	四〇	北	一〇	四四	五二	六
天江內增五	寅	一八	二八	五七	南	〇〇	五九	五四	六
天江北增六	寅	一六	五一	一七	南	〇一	〇八	五三	六
市樓南增一	寅	一六	五七	四六	北	一〇	〇八	五九	六
尾宿四	寅	一七	〇七	一四	南	二〇	〇八	五三	四
天江北增七	寅	一七	一八	五五	北	〇二	〇四	四三	四
異雀六	寅	一七	四五	一二	南	五五	五六	〇六	五
天江三	寅	一七	四八	一一	南	〇一	四七	四七	三
天江南增	寅	一八	一八	〇五	南	〇四	五四	四七	四
候北增三	寅	一八	三八	五九	北	三六	二八	二二	六

趙東增二	寅	一八	四二 三六	北	四七	三八 ○七	六	天江四	寅	一八	四四 五四	南	○○	五四 ○三	四
候	寅	一八	五○ 三二	北	三五	五三 一六	二	候北增四	寅	一八	五一 五一	北	三六	二七 二七	六
候南增五	寅	一八	五六 一二	北	三二	五四 二七	六	異雀四	寅	一八	五七 四二	南	五六	○○ 二二	四
異雀三	寅	一九	一六 一三	南	五四	三一 ○七	四	糠	寅	一九	一六 一六	南	○六	三四 一二	五
天籥西增一	寅	一九	四五 四七	南	○○	三一 二○	六	天籥六	寅	一九	五四 一五	南	○○	三八 二三	五
天籥七	寅	二○	○八 一○	南	○二	三九 五二	六	天棓內增二	寅	二○	○九 三六	北	七四	一一 三○	六
尾宿九	寅	二○	二六 一六	南	一二	五七 ○四	四	趙東增三	寅	二○	三○ ○六	北	四七	三八 ○七	六
杵三	寅	二○	三六 五三	南	三二	一一 四三	四	龜二	寅	二○	四一 四二	南	三三	○二 四四	四
天籥五	寅	二○	四二 三八	北	○一	一九 五九	六	南海	寅	二○	五八 二三	北	○七	五九 ○五	四
市樓一	寅	二○	五九 三七	北	一五	一五 五一	四	尾宿八	寅	二一	○○ 一○	南	一三	四四 二○	三

星名	黃道經度 宮	度	分	秒	黃道緯度 向	度	分	秒	等
天棓一	寅	二一	一四	二〇	北	八〇	一九	四〇	三
杵二	寅	二一	二〇	〇六	南	二六	二九	三〇	四
天籥四	寅	二一	三一	二三	北	〇一	三〇	二四	六
九河	寅	二一	三九	二六	北	五一	一二	三八	四
杵一	寅	二一	五〇	〇二	南	二三	〇五	二六	五
龜三	寅	二一	五八	四〇	南	三七	一七	二四	四
市樓六	寅	二三	〇七	二七	北	一五	〇一	一一	四
天紀八	寅	二三	一〇	一五	北	五七	〇二	〇三	五
天棓東增三	寅	二一	一四	三〇	北	七一	四九	五三	六
巽雀一	寅	二一	二〇	四八	南	四四	三二	五五	五
巽雀二	寅	二一	三八	五九	南	四六	五二	二二	六
宗正一	寅	二一	四五	四四	北	二七	五八	〇〇	三
市樓二	寅	二一	五二	〇九	北	一〇	三三	五一	五
尾宿五	寅	二一	五九	〇七	南	一九	三七	三六	二
宗正南增一	寅	二三	〇七	四六	北	二六	〇一	二四	六
九河南增一	寅	二三	三一	一〇	北	四九	〇四	一〇	六

天籥三	寅	二二	三三 四四	北	〇一	四四 四五	五
宗正二	寅	二三	〇三 三二	北	二六	〇九 二〇	三
天紀北增十四	寅	二三	三〇 五一	北	六三	二八 二〇	六
尾宿六	寅	二三	五四 二九	南	一六	四一 四一	三
孔雀一	寅	二四	二一 五四	南	四一	二八 〇二	四
天紀九	寅	二四	五〇 五〇	北	六〇	四三 四〇	四
天籥一	寅	二五	一六 三〇	南	〇一	二四 〇八	五
中山西增二	寅	二五	五一 〇〇	北	五三	四〇 一五	五
帛度南增三	寅	二六	二一 三七	北	四〇	一二 五八	五
天籥東增三	寅	二六	二八 一七	南	〇〇	四七 五一	六
尾宿七	寅	二二	五一 三九	南	一五	三六 三八	四
天籥二	寅	二三	二〇 〇九	北	〇一	三六 〇一	六
天籥八	寅	二三	四〇 〇一	南	〇四	二二 四二	六
傳說	寅	二四	二一 四〇	南	一三	三七 一五	四
天棓四	寅	二四	二七 四八	北	七四	五八 二〇	二
魚	寅	二五	〇九 三四	南	一一	二四 三四	四
中山西增一	寅	二五	三三 四九	北	五二	四三 五六	四
燕	寅	二六	一〇 一六	北	一三	四二 四五	四
天籥東增二	寅	二六	二三 一六	南	〇〇	一九 四五	六
宗人一	寅	二六	二九 三三	北	二七	五一 〇三	四

星名	黃道經度 宮	度	十分	十秒	黃道緯度 向	度	十分	十秒	等
斗宿西增一	寅	二六	三一	〇一	北	〇五	二八	五一	六
宗人二	寅	二六	三六	一九	北	二六	二四	三一	四
宗人三	寅	二六	五四	一七	北	二四	四七	〇七	四
帛度南增一	寅	二七	〇六	五〇	北	四四	一八	五四	五
屠肆西增一	寅	二七	一七	一六	北	四六	二四	四八	五
孔雀二	寅	二七	三七	〇四	南	四〇	〇九	二八	五
宗人四	寅	二七	五四	一六	北	二六	〇三	五四	四
宗人北增二	寅	二八	三二	四一	北	三二	一一	五三	六
東海西增一	寅	二六	三二	三二	北	一九	四七	五二	三
帛度一	寅	二六	五〇	三六	北	四五	〇四	三〇	四
天籥東增四	寅	二七	〇四	四七	南	〇〇	四七	五〇	六
市樓三	寅	二七	一二	二三	北	一五	一七	三一	五
杵東增一	寅	二七	三二	四〇	南	二六	三六	〇五	五
箕宿一	寅	二七	四〇	四七	南	〇六	五五	五一	三
屠肆二	寅	二八	二〇	二四	北	四五	四一	二四	五
宗人北增一	寅	二八	三四	四三	北	三三	〇一	二五	六

中山北增三	寅	二八	五八 四〇	北	五四	〇一 三二	五
中山	寅	二九	〇六 一三	北	五二	一三 三五	四
帛度南增二	寅	二九	一二 〇九	北	四三	三〇 二三	五
斗宿三	寅	二九	三九 一〇	北	〇二	二二 五四	四
中山南增七	寅	二九	〇五 二八	北	四九	三三 四〇	六
宗人東增三	寅	二九	〇六 三九	北	二七	二六 一四	六
帛度二	寅	二九	一三 三六	北	四四	一七 〇六	四
孔雀北增二	寅	二九	五三 二七	南	三八	〇三 三六	四

清史稿卷三十四

志九

天文九

乾隆甲子年恆星黃道經緯度表四

黃道星紀丑宮迄娵訾亥宮，凡七百一十八星，如左：

星名	黃道經度 宮	度	分	秒	黃道緯度 向	度	分	秒	等
斗宿北增二	丑	○○	○○	○五	北	○二	四二	二八	六
中山北增四	丑	○○	四七	五八	北	五四	五○	三○	四
箕宿四	丑	○○	○五	四八	南	一三	一七	四五	三
箕宿二	丑	○○	五九	一二	南	○六	二五	二一	三

星名	黃道經度 宮	度	分	秒	黃道緯度 向	度	分	秒	等
孔雀三	丑	○一	○三	四四	南	三八	五四	一四	五
鼈一	丑	○一	三二	二三	南	二三	三六	二三	四
宗人東增四	丑	○二	一四	四九	北	二六	四四	三六	六
斗宿北增三	丑	○二	二三	五五	北	○二	四八	三九	六
斗宿二	丑	○二	四四	五五	南	○二	○四	○一	四
孔雀內增一	丑	○二	五六	二一	南	四一	三七	○九	五
屠肆內增三	丑	○三	○七	三六	北	四五	二○	○六	六
中山東增六	丑	○三	五三	三六	北	五二	一三	二○	六

星名	黃道經度 宮	度	分	秒	黃道緯度 向	度	分	秒	等
箕宿三	丑	○一	三○	三三	南	一○	五九	五四	三
孔雀八	丑	○一	三六	二一	南	四八	○六	○三	四
東海	丑	○二	一六	○三	北	二○	三一	五六	三
屠肆北增二	丑	○二	三二	二五	北	四七	四九	三○	五
鼈十一	丑	○二	五三	五六	南	一八	五九	五○	六
鼈十	丑	○三	○五	一三	南	一五	二三	一五	六
東海北增二	丑	○三	五一	五一	北	二三	二九	五三	六
中山東增五	丑	○三	五七	五四	北	五三	一三	一○	六

孔雀五	丑	〇四	〇七三四	南	四四	〇六一三	五	孔雀四	丑	〇四	〇九三二	南	三九	〇三二三	四
屠肆一	丑	〇四	一二四九	北	四五	〇六五五	四	織女西增四	丑	〇四	二〇三九	北	五九	二四四二	五
東海東增四	丑	〇四	二三三八	北	二一	一七二四	六	東海東增三	丑	〇五	〇四一四	北	二二	一四三一	六
孔雀北增三	丑	〇五	二五一三	南	三七	一〇四六	六	天弁一	丑	〇五	二五五七	北	一四	五九〇七	四
農丈人	丑	〇五	三一三四	南	一二	二八一八	六	鼈二	丑	〇五	四五四七	南	二〇	三四四〇	六
斗宿北增四	丑	〇六	〇一〇〇	南	〇〇	四一二〇	六	織女西增三	丑	〇六	一四一九	北	六二	四六四〇	六
斗宿一	丑	〇六	三五四二	南	〇三	五四三五	五	天弁二	丑	〇七	一一一四	北	一四	〇二三〇	五
天弁三	丑	〇七	三三二二	北	一四	四六五七	五	鼈九	丑	〇七	五五四八	南	一四	二四一六	六
建西增一	丑	〇八	〇四五六	北	〇二	三九一二	六	建西增五	丑	〇八	一一二四	北	〇〇	四八三四	六
鼈八	丑	〇八	二三四八	南	一四	一三〇八	六	建西增四	丑	〇八	三〇五五	北	〇一	〇一三〇	六

星名	黃道經度 宮	十度	十分	十秒	黃道緯度 向	十度	十分	十秒	等
鼈三	丑	〇八	四一	五九	南	一九	一六	一二	六
斗宿四	丑	〇八	四八	一二	南	〇三	二三	三三	三
建西增六	丑	〇八	五四	〇四	北	〇〇	〇九	一二	五
建西增三	丑	〇九	〇〇	〇九	北	〇一	三二	〇三	六
建北增二	丑	〇九	五一	〇九	北	〇二	〇九	二五	六
鼈四	丑	〇九	五五	四一	南	一七	四八	〇八	六
孔雀九	丑	〇九	五七	一七	南	五〇	四九	〇七	四
斗宿六	丑	一〇	〇二	二二	南	〇七	〇七	五五	三
徐西增一	丑	〇八	四八	〇〇	北	二五	〇三	二六	五
天弁四	丑	〇八	四九	四〇	北	一八	一三	二七	四
天弁北增一	丑	〇八	五九	〇五	北	二三	〇〇	二九	六
建西增七	丑	〇九	〇七	一四	北	〇〇	一二	三三	五
建一	丑	〇九	五三	五二	北	〇一	四二	一二	五
鼈七	丑	〇九	五七	〇九	南	一四	二〇	〇八	五
天弁北增二	丑	〇九	五九	〇七	北	一九	三七	一六	六
天弁北增三	丑	一〇	〇二	二四	北	一九	三三	二二	六

鼈五	丑	一〇	二四 二六	南	一六	四二 一二	五	鼈六	丑	一〇	二八 二四	南	一五	一五 五七	五
宗一	丑	一一	一二 三七	北	四三	二七 五四	五	斗宿五	丑	一一	一五 一〇	南	〇五	〇一 一二	四
天弁五	丑	一一	一五 三五	北	一六	五四 一一	四	宗二	丑	一一	一五 四八	北	四一	〇三 二三	四
建二	丑	一一	二五 四六	北	〇〇	五四 三八	五	織女一	丑	一一	四二 一八	北	六一	四五 三一	一
天淵二	丑	一二	〇八 四四	南	二二	〇五 四八	四	徐	丑	一二	一一 一五	北	二六	五四 四一	三
天淵一	丑	一二	一一 二六	南	二二	二六 五〇	四	徐北增二	丑	一二	一六 二八	北	二九	一九 二七	六
徐南增四	丑	一二	一六 四八	北	二五	一三 四五	六	天弁六	丑	一二	二九 四二	北	一六	五三 三三	四
建三	丑	一二	四一 四四	北	〇一	二八 五九	四	天淵三	丑	一二	五八 四六	南	一八	一九 五一	四
天弁九	丑	一三	〇二 二五	北	一八	五二 四〇	六	狗西增六	丑	一三	二八 〇六	南	〇二	五二 五五	五
齊	丑	一三	二八 四四	北	四四	〇八 〇八	四	天弁八	丑	一三	三一 五九	北	一八	二九 二六	六

星名	黃道經度				黃道緯度				等
	宮	十度	十分	十秒	向	十度	十分	十秒	
天弁七	丑	一三	四七	一五	北	一七	三九	三六	三
吳越西增二	丑	一四	一五	二九	北	三六	二八	五一	六
蛇尾四	丑	一四	二五	〇〇	南	五六	〇〇	〇〇	五
織女三	丑	一四	三一	五五	北	六〇	二三	一三	五
吳越西增一	丑	一四	四一	五八	北	三七	三六	四三	三
天弁東增四	丑	一五	〇一	三七	北	一四	二二	一七	五
織女二	丑	一五	〇二	四二	北	六二	二六	〇五	五
漸臺南增六	丑	一五	〇四	四二	北	五五	二九	四八	六

星名	黃道經度				黃道緯度				等
	宮	十度	十分	十秒	向	十度	十分	十秒	
孔雀六	丑	一三	五六	三八	南	四四	二九	〇八	三
吳越西增三	丑	一四	一八	五五	北	三六	一一	四五	四
齊北增一	丑	一四	三〇	一七	北	四五	一六	二〇	五
織女南增一	丑	一四	三二	二九	北	六〇	二二	一六	五
建四	丑	一四	四七	二二	北	〇三	一七	五九	六
織女內增二	丑	一五	〇二	一七	北	六二	二二	三一	六
漸臺南增五	丑	一五	〇二	五八	北	五五	一三	五八	六
漸臺二	丑	一五	二〇	三〇	北	五六	〇一	四八	三

波斯一	丑	一五	二七 ○○	南	三二	二五 ○○	五
狗北增五	丑	一五	四七 四三	南	○二	二一 ○五	六
狗北增四	丑	一五	五二 四六	南	○一	五四 三六	六
徐東增三	丑	一五	五九 四六	北	二八	二三 四八	六
吳越南增四	丑	一六	一二 四八	北	三三	二四 三二	六
蛇尾三	丑	一六	一五 ○○	南	五八	一○ ○○	五
右旗西增二	丑	一六	四三 三四	北	二四	二八 四五	五
漸臺西增一	丑	一七	四八 五一	北	五九	二六 三九	四
右旗西增三	丑	一八	○五 ○五	北	二一	○四 四四	六
狗北增一	丑	一八	○九 一二	南	○三	○一 五三	六
狗二	丑	一五	四五 一九	南	○二	二六 一七	五
建南增八	丑	一五	五一 一七	北	○三	四八 四三	六
建五	丑	一五	五三 二○	北	○四	一五 四三	五
建六	丑	一六	○六 四九	北	○六	○八 四二	五
吳越	丑	一六	一三 三四	北	三六	一三 四八	三
狗北增三	丑	一六	二四 ○四	北	○○	一二 二○	六
天弁東增五	丑	一七	二一 五一	北	一六	三六 ○九	六
右旗西增一	丑	一七	五三 三○	北	二六	五四 一一	六
漸臺一	丑	一八	○六 三九	北	五九	二一 五四	四
狗一	丑	一八	一六 一五	南	○三	一三 ○一	六

黃道星名	經度宮	經度十度	經度十分	經度十秒	緯度向	緯度十度	緯度十分	緯度十秒	等
漸臺三	丑	一八	二二	〇〇	北	五五	〇三	二八	三
扶筐三	丑	一八	四六	四四	北	八一	四八	四〇	五
狗東增二	丑	一九	一三	〇四	南	〇一	五四	〇四	六
右旗西增九	丑	一九	三八	二七	北	一七	五七	三八	六
蛇尾二	丑	一九	五五	〇〇	南	六〇	〇〇	〇〇	五
吳越東增六	丑	二〇	〇八	三三	北	三四	一三	二七	六
孔雀十一	丑	二〇	一四	一三	南	三六	一一	一八	二
右旗西增七	丑	二〇	二四	五五	北	一八	四六	一〇	六

黃道星名	經度宮	經度十度	經度十分	經度十秒	緯度向	緯度十度	緯度十分	緯度十秒	等
漸臺南增四	丑	一八	三五	三六	北	五四	二八	一五	六
孔雀七	丑	一八	五五	四八	南	四五	五二	三四	三
吳越東增五	丑	一九	二七	一八	北	三三	三一	五三	六
右旗四	丑	一九	五一	四〇	北	二二	〇四	一七	五
右旗三	丑	二〇	〇二	二一	北	二四	五〇	五四	三
右旗西增八	丑	二〇	一二	二一	北	一八	二二	四六	六
右旗南增十	丑	二〇	一四	二四	北	一〇	五八	二十	六
天雞西增一	丑	二〇	三八	五六	北	〇五	〇五	五四	六

齊東增二	丑	二〇	四五 〇八	北	四三	〇七 五四	六
齊東增三	丑	二一	〇五 二四	北	四三	一五 一〇	五
右旗八	丑	二一	一六 四七	北	一四	二三 〇三	三
天雞二	丑	二一	二一 四一	北	〇一	二七 〇二	六
輦道一	丑	二一	三九 四六	北	六六	一三 〇六	六
漸臺北增二	丑	二一	五五 四六	北	六〇	〇二 二一	六
狗國一	丑	二三	一四 四六	南	〇五	二二 五五	五
狗國四	丑	二三	二〇 一五	南	〇六	一六 三四	五
齊東增四	丑	二三	三二 一〇	北	四四	四九 二六	六
左旗西增二	丑	二二	三八 二七	北	三八	三一 一八	六
右旗內增四	丑	二〇	四八 三五	北	二三	三四 〇〇	六
天雞一	丑	二一	〇五 二九	北	〇五	一一 二六	五
漸臺南增三	丑	二一	〇二 一八	北	五四	三三 〇二	六
吳越東增七	丑	二一	三三 〇四	北	三三	三二 〇五	六
右旗七	丑	二一	五四 四六	北	一六	四二 〇〇	六
右旗六	丑	二一	五五 四八	北	一八	二五 二一	六
右旗五	丑	二三	一五 四七	北	二〇	〇二 五九	三
左旗西增三	丑	二三	三〇 四五	北	三八	三一 二至	六
右旗東增六	丑	二三	三七 二一	北	一九	四六 二九	六
漸臺四	丑	二三	三九 〇八	北	五八	〇三 五四	五

星名	黃道經度 宮	十度	十分	十秒	黃道緯度 向	十度	十分	十秒	等
天雞東增二	丑	二二	五一	〇二	北	〇一	五四	〇三	六
扶筐一	丑	二三	〇九	五六	北	七九	四四	四四	五
孔雀東增四	丑	二三	一五	〇〇	南	三九	一五	〇〇	四
狗國三	丑	二三	二八	三〇	南	〇七	〇三	四八	五
左旗西增五	丑	二三	五二	一二	北	四一	三二	四三	六
右旗二	丑	二四	一三	五六	北	二六	三〇	四四	五
齊東增八	丑	二四	三二	三六	北	四七	四六	三五	六
左旗西增六	丑	二四	五二	五九	北	四一	三四	二八	五
狗國二	丑	二二	五八	一六	南	〇五	二四	四四	五
右旗一	丑	二三	一二	五八	北	二八	四二	三〇	四
孔雀東增五	丑	二三	二六	二〇	北	二〇	三一	〇四	六
左旗西增四	丑	二三	三二	四三	北	四一	一六	二七	六
右旗增南十一	丑	二四	〇三	二六	北	一〇	〇五	二〇	五
波斯九	丑	二四	二五	〇〇	南	三三	四〇	〇〇	六
天雞東增三	丑	二四	五二	四九	北	〇五	〇八	二三	六
孔雀十	丑	二四	五六	〇一	南	四六	五六	二一	三

波斯十	丑	二四	五七○○	南	三三	四五○○	六
波斯二	丑	二五	一七○○	南	二七	五五○○	三
輦道二	丑	二五	一八一一	北	六一	○○一三	六
波斯八	丑	二五	三五○○	南	三六	○○○○	五
齊東增五	丑	二五	五七三四	北	四五	五四二○	四
齊東增六	丑	二六	一○四九	北	四六	二八三七	六
左旗西增一	丑	二六	一四四二	北	三七	二七○九	五
扶筐一	丑	二六	二八三六	北	七七	四五○○	五
輦道東增二	丑	二六	三一一九	北	六○	四二五五	六
河鼓北增二	丑	二六	三七○三	北	三三	○二○八	六

齊東增七	丑	二五	○一四五	北	四六	二五四○	六
右旗九	丑	二五	一八○二	北	一二	○五一一	五
右旗東增十二	丑	二五	二九五四	北	一二	二四一○	六
波斯十一	丑	二五	三七○○	南	三三	五三○○	六
輦道南增八	丑	二六	○三四七	北	五○	五七三○	五
牛宿西增一	丑	二六	一二一九	北	○六	四四三二	六
左旗西增七	丑	二六	二○五○	北	四○	四九二六	六
河鼓西增九	丑	二六	二九一五	北	二八	二二○四	六
輦道北增一	丑	二六	三一二六	北	六八	五二二二	六
河鼓北增三	丑	二六	三七二○	北	三二	三九二四	六

黃道星名	經度宮	經度十度	經度十分	經度十秒	緯度向	緯度十度	緯度十分	緯度十秒	等
天桴四	丑	二六	五一	五四	北	二一	三三	二三	三
蛇尾一	丑	二七	〇五	五八	南	六四	三一	二七	三
天桴三	丑	二七	一七	二八	北	二〇	四三	四三	六
牛宿西增三	丑	二七	二三	〇一	北	〇八	三四	四〇	六
河鼓北增一	丑	二七	三三	三三	北	三四	〇〇	〇六	六
輦道南增七	丑	二七	四〇	三七	北	四九	〇〇	三一	三
牛宿西增九	丑	二八	一一	〇一	南	〇二	〇三	二三	六
牛宿西增四	丑	二八	二一	五八	北	〇七	二七	〇四	六
輦道三	丑	二六	五九	一一	北	五九	三六	二〇	六
牛宿西增二	丑	二七	一四	二七	北	〇七	三一	四五	六
河鼓三	丑	二七	二二	〇八	北	三一	一六	五二	三
左旗一	丑	二七	三〇	一六	北	二八	四九	五二	五
左旗二	丑	二七	三八	二三	北	三八	一五	一七	五
河鼓二	丑	二八	〇八	二四	北	二九	一九	一一	一
河鼓北增四	丑	二八	二一	二九	北	三三	一九	四九	六
河鼓東增五	丑	二八	三八	〇一	北	三〇	五一	二〇	六

河鼓一	丑	二八	五一四四	北	二六	四四二〇	三
河鼓東增八	丑	二九	〇二五六	北	二八	四六一二	五
天桴二	丑	二九	三五一七	北	一九	一六〇一	六
波斯三	丑	二九	三七〇〇	南	三二	三〇〇〇	六
牛宿內增五	丑	二九	五六四一	北	〇七	一五三四	六
牛宿二	子	〇〇	一七二一	北	〇六	五八〇六	三
左旗四	子	〇〇	二八四七	北	三九	二七〇五	六
天桴內增一	子	〇〇	三二〇三	北	一九	〇七二七	六
牛宿東增七	子	〇〇	五二〇九	北	〇六	三六五一	六
牛宿四	子	〇一	〇八五五	北	〇〇	五六〇六	氣
牛宿三	丑	二八	五五二八	北	〇七	一三一八	六
牛宿西增八	丑	二九	〇六四四	北	〇〇	二九二九	氣
輦道四	丑	二九	三六二〇	北	五七	二〇四四	六
左旗三	丑	二九	四九四〇	北	三八	五六五三	四
牛宿內增六	子	〇〇	一二一九	北	〇七	〇一三一	四
河鼓東增六	子	〇〇	二一五七	北	三一	三二一七	六
牛宿一	子	〇〇	二八五七	北	〇四	三七二七	三
輦道南增九	子	〇〇	四一一七	北	五五	一五一八	六
左旗北增八	子	〇一	〇三三八	北	四六	一〇三二	六
九坎三	子	〇一	一一〇〇	南	二二	四〇〇〇	三

星名	黃道經度 宮	黃道經度 十度	黃道經度 十分	黃道經度 十秒	黃道緯度 向	黃道緯度 十度	黃道緯度 十分	黃道緯度 十秒	等
天桴一	子	○一	二○	三○	北	一八	四五	三五	三
輦道南增六	子	○一	二一	一九	北	五○	三九	三八	五
牛宿六	子	○一	三六	○九	北	○一	一四	一七	氣
左旗內增二十八	子	○一	四七	一三	北	三六	三六	五四	六
扶筐北增一	子	○一	四八	一○	北	八七	二七	一○	六
左旗北增十八	子	○二	一三	四九	北	四二	四一	五○	五
左旗六	子	○三	一三	○六	北	三七	一四	○三	六
左旗北增九	子	○三	二六	四○	北	四七	二八	○三	氣
左旗內增二十九	子	○一	二○	四一	北	三八	四八	三二	六
河鼓東增七	子	○一	二七	二七	北	二七	○三	一六	六
牛宿五	子	○一	三九	一○	北	○○	二六	○九	氣
天桴東增二	子	○一	四七	三三	北	一八	二八	○七	五
波斯四	子	○一	五○	○○	南	三六	五五	○○	六
左旗七	子	○二	一九	五三	北	三六	三九	四三	六
輦道東增三	子	○三	二三	一六	北	五七	二三	三六	六
左旗五	子	○三	二七	五八	北	三九	一三	三九	四

左旗北增十七	子	〇三	二八	二九	北	四三	五八	二六	六
天田四	子	〇三	三五	一一	南	〇六	五八	二三	五
羅堰二	子	〇四	〇五	五三	北	〇〇	一五	四六	五
左旗東增二十七	子	〇四	一八	一〇	北	三六	三五	〇二	六
天田二	子	〇四	二二	〇五	南	〇八	五五	〇五	六
羅堰一	子	〇四	四三	四四	北	〇三	二三	二六	五
左旗北增十九	子	〇四	五二	一九	北	四二	四〇	五六	五
波斯五	子	〇五	〇七	〇〇	南	三七	〇〇	〇〇	六
扶筐七	子	〇五	一三	〇〇	北	七四	四二	〇〇	五
離珠四	子	〇五	二八	四四	北	一五	三九	三九	五
鳥喙二	子	〇三	三〇	四四	南	四九	五〇	四四	四
左旗八	子	〇三	四五	二四	北	三五	三五	〇六	六
羅堰西增一	子	〇四	一三	五七	北	〇三	一九	三〇	六
九坎二	子	〇四	二一	〇〇	南	二二	三〇	〇〇	三
羅堰三	子	〇四	三五	五九	南	〇三	二二	三四	六
離瑜西增一	子	〇四	五〇	一〇	南	一四	三七	一二	五
離珠南增一	子	〇五	〇二	四八	北	一五	一六	五〇	六
九坎四	子	〇五	一一	〇〇	南	二一	一〇	〇〇	五
輦道五	子	〇五	二一	三七	北	五三	四二	三三	五
左旗東增二十六	子	〇五	三一	二八	北	三九	一八	二二	四

星名	黃道經度 宮	度	分	秒	黃道緯度 向	度	分	秒	等
離瑜西增二	子	〇五	四〇	二六	南	一四	五八	二〇	六
波斯七	子	〇六	二二	〇〇	南	四〇	〇〇	〇〇	六
左旗九	子	〇六	三二	三三	北	三四	〇六	一二	五
附白二	子	〇六	三七	三二	南	七二	五六	五三	六
離瑜一	子	〇七	〇一	〇〇	南	一七	二〇	〇〇	四
九坎一	子	〇七	一一	〇〇	南	二一	三〇	〇〇	三
左旗北增十	子	〇七	一六	三七	北	四七	〇一	四三	四
左旗北增二十	子	〇七	二一	四〇	北	四二	四一	一二	四

星名	黃道經度 宮	度	分	秒	黃道緯度 向	度	分	秒	等
鳥喙一	子	〇五	五三	〇五	南	四五	二七	五三	三
左旗北增十六	子	〇六	二四	〇一	北	四四	一五	五〇	五
輦道東增四	子	〇六	三五	四三	北	五七	一五	〇九	六
附白一	子	〇六	四八	五八	南	七六	四五	三五	四
波斯六	子	〇七	〇五	〇〇	南	三八	三五	〇〇	六
左旗東增二十五	子	〇七	一四	五三	北	三九	五二	五八	六
離珠一	子	〇七	二〇	一四	北	一五	三一	四九	五
扶筐六	子	〇七	二五	三〇	北	七六	五七	四〇	六

越	子	○七	二三 四二	南	○○	○二 九八	六
女宿一	子	○八	○○ 六九	北	○八	四○ 一六	四
鄭	子	○八	二一 四九	南	○一	一五 ○一	六
天津西增一	子	○八	四三 四九	北	六二	○四 五二	六
離珠三	子	○八	五五 八一	北	一八	三一 六六	六
周一	子	○九	五一 五○	南	○二	四五 三七	五
左旗東增二十四	子	○九	四二 八二	北	四○	一○ 七七	六
女宿二	子	○九	一二 三九	北	○八	一一 ○六	四
天津西增二	子	○九	二三 二八	北	五八	一○ 二七	六
左旗東增十三	子	○九	五四 一八	北	四五	五三 四四	六

離珠二	子	○八	○○ 三九	北	一六	五四 六八	四
天田三	子	○八	四一 六五	南	○八	三○ 八三	六
離瑜二	子	○八	二二 ○○	南	一五	○三 七六	四
天田一	子	○八	二四 八一	南	一○	四五 ○五	六
周二	子	○九	○○ 二二	南	○○	三二 七九	六
輦道東增五	子	○九	二二 八二	北	五四	四一 八八	六
女宿四	子	○九	四二 六三	北	一二	四二 二四	五
敗瓜西增一	子	○九	五二 ○四	北	二八	三五 八四	六
齊	子	○九	五四 二二	南	○四	○三 八一	五
左旗東增二十三	子	○九	四五 六二	北	四二	二○ 七○	五

星名	宮	黃道經度 度	分	秒	向	黃道緯度 度	分	秒	等
天壘城九	子	一〇	〇四	二〇	北	〇三	五一	五二	六
趙	子	一〇	〇七	〇七	南	〇三	五八	〇九	六
左旗東增十四	子	一〇	〇九	一四	北	四五	二四	二八	六
扶筐五	子	一〇	一一	〇五	北	七九	〇七	〇〇	六
秦一	子	一〇	一六	四〇	南	〇〇	三三	〇〇	五
女宿東增一	子	一〇	一九	三四	北	一一	三八	五四	六
離瑜三	子	一〇	四一	〇〇	南	一五	二二	三六	六
左旗東增二十一	子	一〇	四三	四七	北	四三	〇一	五三	五
左旗東增十五	子	一〇	〇四	二四	北	四五	〇四	四八	五
女宿三	子	一〇	〇七	二八	北	一一	三四	五一	六
趙一	子	一〇	〇九	五七	南	〇三	三六	四六	六
天壘城八	子	一〇	一三	一一	北	〇三	一九	三〇	五
女宿南增五	子	一〇	一七	五九	北	〇七	一七	五三	六
敗瓜一	子	一〇	二九	二七	北	二九	〇六	二一	三
離瑜東增三	子	一〇	四二	四〇	南	一八	一五	一四	六
敗瓜二	子	一一	一五	〇六	北	三〇	四二	〇六	六

天津西增三	子	一一	一六 二〇	北	五七	三一 四三	六
楚	子	一一	二七 四四	南	〇四	二九 五〇	六
敗瓜五	子	一一	三九 〇六	北	二七	三一 四〇	六
左旗東增十一	子	一一	四四 二八	北	四七	〇二 〇八	五
左旗東增十二	子	一一	四八 一二	北	四六	〇五 二〇	四
左旗東增二十二	子	一一	一一 二三	北	四二	二六 三六	六
鶴一	子	一二	一六 一九	南	三二	五〇 三五	二
女宿東增二	子	一二	三六 三八	北	一一	四九 〇〇	六
敗瓜南增三	子	一二	三九 一二	北	二三	〇〇 〇五	五
瓠瓜四	子	一二	四六 一四	北	三一	五六 五二	三
奚仲一	子	一一	二三 一八	北	七三	五〇 一一	四
扶筐四	子	一一	二八 三〇	北	八〇	五〇 〇〇	四
天津西增四	子	一一	四三 一〇	北	五五	五四 二九	六
敗瓜四	子	一一	四五 一八	北	二八	五一 〇三	六
天錢西增四	子	一一	五七 一〇	南	一七	四三 二七	六
瓠瓜五	子	一二	一二 〇四	北	三三	一〇 二七	五
女宿東增三	子	一二	二二 四四	北	一一	〇五 〇六	六
敗瓜三	子	一二	三九 〇五	北	三〇	三八 一四	六
天津二	子	一二	四二 〇七	北	六四	二七 一四	三
秦二	子	一二	四七 三一	南	〇二	〇七 二三	六

星名	黃道經度 宮	十度	十分	十秒	黃道緯度 向	十度	十分	十秒	等
天壘城十	子	一二	四九	一三	北	〇四	四七	四八	五
女宿東增四	子	一三	〇八	五四	北	一〇	三〇	一四	六
魏	子	一三	一八	三五	南	〇五	一七	二五	六
天錢三	子	一三	三九	二八	南	一八	一七	一五	四
瓠瓜南增一	子	一三	四七	二五	北	三一	三九	四八	六
敗臼一	子	一三	五〇	〇八	南	二二	五八	五二	三
晉	子	一四	〇〇	二〇	南	〇六	三一	四五	六
天錢北增三	子	一四	一一	一八	南	一一	一二	〇五	四
天壘城七	子	一二	五五	三九	北	〇〇	四三	四〇	六
天津西增五	子	一三	一五	二九	北	五四	二八	一六	五
燕	子	一三	二一	四九	南	〇六	五七	三六	五
敗瓜南增二	子	一三	四五	三三	北	二四	三七	三〇	六
瓠瓜一	子	一三	四八	二四	北	三三	〇二	五八	三
韓	子	一三	五三	〇八	南	〇五	二〇	二七	六
代一	子	一四	〇六	五〇	南	〇一	二〇	一三	五
奚仲二	子	一四	二七	四三	北	七一	二八	三八	六

奚仲東增一	子	一四	二九 四○	北	七二	一○ 一○	六
天津西增六	子	一四	四二 四三	北	五五	○一 四○	五
天壘城十一	子	一五	○三 三○	北	○六	二一 四三	六
天錢二	子	一五	○四 三○	南	一六	二一 一八	四
鶴四	子	一五	○八 四一	南	四一	二四 ○六	五
敗臼二	子	一五	一九 四一	南	二五	五四 四六	五
天壘城六	子	一五	四六 一六	北	○二	一七 ○三	六
代二	子	一五	五三 三七	南	○五	三一 一九	六
扶筐東增四	子	一五	五七 ○六	北	七七	一三 四八	五
鶴十二	子	一六	二二 一四	南	二八	一七 ○四	五

瓠瓜三	子	一四	三三 ○七	北	三一	五八 一二	四
虛宿西增四	子	一四	五七 五七	北	二○	三二 五六	五
鳥喙七	子	一五	○四 二五	南	五六	三五 二二	四
奚仲三	子	一五	○七 四二	北	六九	三七 五六	四
瓠瓜南增二	子	一五	一三 二五	北	二九	○七 ○五	六
瓠瓜北增五	子	一五	四一 五九	北	三八	○七 ○七	五
瓠瓜二	子	一五	四八 四一	北	三二	四四 三二	三
代內增一	子	一五	五五 五七	南	○五	二二 一五	六
天津西增七	子	一六	一九 四三	北	五四	三六 三三	六
鶴內增一	子	一六	二五 一四	南	二八	三七 一四	五

黃道星名	經度宮	經度十度	經度十分	經度十秒	緯度向	緯度十度	緯度十分	緯度十秒	等
代南增二	子	一六	二七	一六	南	〇八	五三	三八	六
天津西增十四	子	一六	二九	一三	北	五二	三六	一五	六
壘壁陣二	子	一六	三七	五二	南	〇四	五六	五六	四
虛宿西增一	子	一六	四四	三七	北	二三	〇二	三六	六
虛宿西增三	子	一六	四七	三〇	北	二一	一六	〇一	六
瓠瓜南增三	子	一六	五二	四〇	北	二八	四〇	一九	六
虛宿西增五	子	一六	五七	一〇	北	一〇	四一	四一	六
司非西增二	子	一七	〇〇	五七	北	二六	四九	〇五	六
天津西增十五	子	一六	二七	二二	北	四九	三六	三三	六
天壘城十二	子	一六	三五	三三	北	〇五	四五	四一	六
鳥喙內增一	子	一六	四一	五七	南	五五	三三	二一	五
鶴五	子	一六	四七	〇五	南	四七	四八	四五	三
天津西增二十二	子	一六	四九	二六	北	四〇	五四	一〇	六
天津西增二十一	子	一六	五五	〇四	北	四二	四五	一一	六
天壘城十三	子	一六	五九	三七	北	〇五	一一	三三	六
鶴三	子	一七	〇四	〇八	南	三九	四三	〇九	四

天津西增十六	子	一七	〇九二〇	北	四七	二八五三	四	虛宿西增二	子	一七	一〇三七	北	二一	三八三一	六
瓠瓜南增四	子	一七	一六〇五	北	二九	四六三五	六	天津西增二十	子	一七	二七四一	北	四三	一三三二	五
虛宿西增六	子	一七	三八三二	北	一〇	二五一二	六	奚仲四	子	一七	四六〇八	北	六九	三〇五〇	六
天津西增八	子	一七	四七一三	北	五四	三三一六	六	鶴十一	子	一七	五五二七	南	三一	三三五〇	五
鶴內增二	子	一七	五八二三	南	三一	一八三一	五	壘壁陣一	子	一八	〇四〇五	南	〇四	四八三六	五
鳥喙三	子	一八	〇五二七	南	五四	三二一一	五	壘壁陣三	子	一八	一二四二	南	〇二	三一一八	四
天津西增九	子	一八	一四一四	北	五五	二九二〇	六	鶴六	子	一八	一六一七	南	四一	五五一四	四
鳥喙六	子	一八	二二五五	南	五七	三六〇四	三	天錢四	子	一八	三〇五六	南	二〇	〇二〇〇	四
鶴二	子	一八	三七四八	南	三五	二二四〇	二	天錢北增一	子	一八	四〇二〇	南	一五	一三四〇	五
天錢北增二	子	一八	四二四八	南	一四	二一二〇	六	天錢一	子	一八	五三一〇	南	一六	五一四五	六

星名	黃道經度 宮	度	分	秒	黃道緯度 向	度	分	秒	等
虛宿西增八	子	一八	五五	二〇	北	一一	一四	一〇	六
天錢五	子	一九	〇一	三六	南	一九	四五	二〇	五
天津西增二十三	子	一九	〇七	三四	北	四一	三〇	五四	六
扶筐東增三	子	一九	二九	二七	北	七七	四四	二〇	五
哭西增二	子	一九	三八	四六	南	〇〇	三七	四四	六
虛宿一	子	一九	四九	二二	北	〇八	三八	四三	三
司非南增一	子	一九	五二	〇七	北	二五	〇六	五二	六
天津西增十七	子	二〇	一三	一七	北	四七	五七	一六	六
虛宿西增七	子	一八	五八	一五	北	一一	〇三	一九	六
鶴十	子	一九	〇五	四一	南	二六	四八	一七	五
哭西增一	子	一九	二五	四九	南	〇〇	〇九	一三	六
虛宿二	子	一九	三二	四八	北	二〇	〇九	〇九	四
哭西增三	子	一九	四五	〇〇	南	〇一	〇一	五四	六
司非一	子	一九	五一	二四	北	二五	一三	一二	四
壘壁陣四	子	一九	五八	一四	南	〇二	三二	一九	三
鶴九	子	二〇	一五	二三	南	三〇	一一	一八	五

鳥喙五	子	二〇	二八二九	南	五九	四六五三	五
天津西增十二	子	二〇	四五五七	北	五三	〇七〇六	六
天津一	子	二一	一七五一	北	五七	〇九二〇	三
天津西增十三	子	二一	二二一八	北	五一	三八一六	六
人西增一	子	二一	三〇〇四	北	三七	三九四二	六
司危二	子	二一	三六〇五	北	二一	四二五三	六
天津西增十八	子	二一	三九五五	北	四八	二一一三	六
天壘城二	子	二一	五〇三一	北	〇四	一三五一	六
天津西增二十四	子	二三	〇三一二	北	四二	三七〇九	六
天津西增十九	子	二三	〇六二九	北	四六	三〇二六	六
天壘城一	子	二〇	三二一六	北	〇五	五九一四	五
司非二	子	二〇	五二五〇	北	二四	四七五七	四
天壘城五	子	二一	二一五八	北	〇一	五八二四	六
天壘城四	子	二一	二六〇四	北	〇一	五七二四	五
天津西增十一	子	二一	三五五四	北	五三	二五二四	六
天津西增十	子	二一	三六五八	北	五五	〇四四六	六
羽林軍六	子	二一	四八二〇	南	一五	四〇四〇	四
司危一	子	二一	五二〇二	北	二一	〇三〇六	四
天壘城三	子	二三	〇四三一	北	〇三	五六三八	六
哭一	子	二三	一四一二	南	〇〇	三九一〇	五

星名	黃道經度 宮	度	分	秒	黃道緯度 向	度	分	秒	等
鳥喙四	子	二二	五七	四二	南	五七	一五	三八	三
天津西增二十五	子	二三	一三	二九	北	四三	一八	四二	五
司命一	子	二三	三五	五七	北	一三	一二	二八	六
天津九	子	二四	〇七	五二	北	四九	二六	二一	三
羽林軍七	子	二四	二一	〇〇	南	一五	三〇	〇〇	五
司祿內增二	子	二四	二三	二七	北	一五	二一	四七	六
天津三	子	二四	三一	一九	北	六三	四三	二九	四
司命二	子	二四	四一	三〇	北	一四	一三	五五	六

星名	黃道經度 宮	度	分	秒	黃道緯度 向	度	分	秒	等
羽林軍一	子	二三	〇九	五七	南	〇四	三七	二九	六
敗臼內增一	子	二三	三四	五五	南	二一	一八	三〇	三
羽林軍二	子	二四	〇四	五一	南	〇六	三七	四七	六
羽林軍三	子	二四	一九	二二	南	〇九	二七	四五	六
司祿二	子	二四	二二	五六	北	一五	二一	四〇	六
奚仲東增三	子	二四	二九	一二	北	六七	三三	四〇	六
天津內增三十八	子	二四	三二	五五	北	六三	三八	〇三	五
鶴七	子	二四	五一	五一	南	三六	一一	三四	五

羽林軍五	子	二四	五六五四	南	一三	三九一一	五
壘壁陣五	子	二五	〇九〇一	南	〇二	〇三一五	四
蛇腹四	子	二五	二〇四六	南	六七	〇八三六	五
危宿西增一	子	二五	二八四一	北	一九	三八一四	六
人西增二	子	二五	三六三六	北	三七	五九五〇	六
危宿西增三	子	二六	〇六一一	北	一八	二一三六	六
天津北增三十七	子	二六	一六五八	北	六四	一八五三	五
司祿一	子	二六	二四三九	北	一五	〇七一四	六
哭二	子	二六	五四五八	南	〇〇	一五三七	六
敗臼四	子	二七	〇七五〇	南	一九	三〇五〇	五

奚仲東增二	子	二五	〇〇三四	北	七〇	五三二六	五
鶴八	子	二五	一二四三	南	三四	二三五四	五
危宿西增二	子	二五	二一五五	北	一八	四六〇五	六
蛇腹三	子	二五	三一二三	南	六九	五〇四六	四
羽林軍四	子	二五	四四三八	南	一〇	三三四五	五
天津內增三十	子	二六	一一四七	北	五一	三八三七	四
司祿南增一	子	二六	二四二一	北	一五	〇六五九	六
人二	子	二六	四三三九	北	三三	一八三九	四
泣西增一	子	二七	〇一二二	北	〇五	〇四四八	六
哭東增四	子	二七	〇九一四	北	〇〇	二六四三	六

星名	黃道經度 宮	度	分	秒	黃道緯度 向	度	分	秒	等
敗臼三	子	二七	四三	二六	南	二三	三六	一〇	五
泣西增二	子	二七	四九	三三	北	〇二	五九	四八	六
蛇腹二	子	二八	一六	二〇	南	七一	一四	四九	四
蓋屋一	子	二八	三二	一九	北	〇九	一〇	五八	五
羽林軍十五	子	二八	三八	二三	南	〇六	二八	三六	六
羽林軍九	子	二八	五八	一六	南	二〇	二六	三六	六
蓋屋二	子	二九	二〇	四〇	北	一〇	一三	一四	六
天津八	子	二九	二九	三六	北	四三	四三	一三	三
羽林軍八	子	二七	四三	四〇	南	一七	一四	一八	三
羽林軍十八	子	二八	一二	四六	南	〇二	三六	〇五	六
危宿三	子	二八	一八	三二	北	三三	〇七	一六	三
天綱	子	二八	三五	一五	南	三三	三六	〇七	五
羽林軍十一	子	二八	五六	四二	南	一〇	五一	四二	五
危宿西增四	子	二九	〇〇	二一	北	一一	五八	二一	六
羽林軍十七	子	二九	二二	〇五	南	〇三	一七	四二	六
羽林軍十	子	二九	三〇	五〇	南	一六	〇〇	一〇	六

泣二	子	二九	四四 四〇	北	〇二	四四 七三	四	危宿一	子	二九	一四 六七	北	一〇	三四 八〇	三
火鳥三	子	二九	〇五 〇九	南	三八	〇四 〇七	四	火鳥內增一	亥	〇〇	五〇 六一	南	三八	一四 一九	四
北落師門	亥	〇〇	五一 九三	南	二一	五〇 四四	一	羽林軍十六	亥	〇〇	四一 一七	南	〇四	三四 二八	六
泣一	亥	〇〇	〇二 七七	北	〇二	三二 〇三	五	羽林軍十四	亥	〇〇	一二 五八	南	〇七	三五 一八	六
人內增三	亥	〇〇	三三 二四	北	三一	三二 五八	六	人一	亥	〇〇	五三 七四	北	三六	三〇 〇九	四
虛梁一	亥	〇〇	五三 五六	北	〇四	三五 〇六	六	壘壁陣內增一	亥	〇〇	一四 六三	南	〇一	二二 五一	六
危宿內增七	亥	〇一	二〇 一一	北	一七	二四 〇六	五	蛇腹一	亥	〇一	〇〇 四五	南	七一	一三 八三	五
火鳥二	亥	〇一	四一 五七	南	三六	〇〇 三五	四	人四	亥	〇一	〇二 四六	北	二九	四〇 九二	四
水委三	亥	〇一	一三 〇八	南	五四	一二 六四	三	羽林軍十三	亥	〇一	五三 五九	南	〇九	二五 四六	六
危宿內增六	亥	〇一	〇四 六三	北	一五	〇四 一二	五	天津四	亥	〇一	三四 二六	北	五九	三五 七六	二

星名	黃道經度 宮	十度	十分	十秒	黃道緯度 向	十度	十分	十秒	等
壘壁陣六	亥	○一	四八	五四	南	○一	一二	三三	五
羽林軍十九	亥	○一	五八	一○	南	○一	三○	四○	六
羽林軍十二	亥	○二	一四	五五	南	一一	○○	四○	六
虛梁二	亥	○二	二六	四八	北	○四	四九	一一	六
天津五	亥	○二	三六	二一	北	五四	五六	二五	四
人南增四	亥	○二	四九	○四	北	二八	二八	五八	六
墳墓二	亥	○三	○八	一一	北	○八	一四	四九	三
天津東增三十四	亥	○三	一六	○四	北	六四	一○	○七	五

星名	黃道經度 宮	十度	十分	十秒	黃道緯度 向	十度	十分	十秒	等
危宿東增八	亥	○一	五一	三九	北	一九	○六	三六	六
天津東增三十六	亥	○二	○七	一七	北	六四	四一	四六	五
危宿北增十一	亥	○二	二○	二○	北	二三	○一	四六	六
天津東增三十五	亥	○二	三一	○七	北	六四	○三	五一	五
天津內增二十九	亥	○二	四五	○三	北	五一	五○	三五	六
天津東增三十一	亥	○三	○七	五六	北	五八	○五	三一	六
危宿二	亥	○三	一三	四六	北	一六	一一	四八	四
危宿北增九	亥	○三	三六	四一	北	二一	四七	五七	五

火鳥一	亥	○三	三七五○	南	三一	三九五五	四
危宿北增十	亥	○三	四六四二	北	二三	三七二○	六
人三	亥	○四	一九一七	北	三四	○五一○	六
羽林軍二十五	亥	○四	二五二四	南	○五	五五○四	五
羽林軍二十一	亥	○四	五二二○	南	○一	四八五○	六
天津六	亥	○五	○一三八	北	五○	三二四○	四
羽林軍二十四	亥	○五	○一二五	南	○五	三八四二	五
羽林軍二十六	亥	○五	一八四九	南	○八	一一一七	三
臼二	亥	○五	二二一○	北	三六	三九○五	四
危宿東增五	亥	○五	三三三○	北	一五	○一四七	六
天津七	亥	○三	四二二九	北	四七	二九一○	五
羽林軍二十	亥	○三	四七三三	南	○一	一八一○	六
天津東增三十二	亥	○四	二四一九	北	五八	○五一三	六
羽林軍三十	亥	○四	四四四四	南	一六	三四三四	六
天津東增三十三	亥	○四	五三五四	北	五九	五七一○	六
墳墓四	亥	○五	○一五一	北	一○	二九○八	五
羽林軍二十七	亥	○五	一○一一	南	○八	三七○一	六
墳墓一	亥	○五	一九三一	北	○八	五一三六	四
奚仲東增七	亥	○五	三三一四	北	七四	一○一五	六
虛梁三	亥	○五	五一一三	北	○四	○七四七	五

星名	黃道經度 宮	十度	十分	十秒	黃道緯度 向	十度	十分	十秒	等
羽林軍二十二	亥	○五	五五	四六	南	○二	四四	三六	六
羽林軍二十九	亥	○五	五九	五三	南	一五	四一	五五	五
壘壁陣北增二	亥	○六	○五	○九	北	○一	○五	○九	六
墳墓北增一	亥	○六	二七	四五	北	一三	○九	五六	六
羽林軍二十三	亥	○六	三九	二三	南	○四	○一	○八	六
墳墓三	亥	○六	四九	五三	北	○八	○九	四二	四
墳墓北增二	亥	○六	五三	五五	北	一三	二一	○九	六
墳墓北增三	亥	○六	一八	一六	北	一二	五三	二八	六

星名	黃道經度 宮	十度	十分	十秒	黃道緯度 向	十度	十分	十秒	等
墳墓南增四	亥	○五	五七	二六	北	○六	五五	四七	六
火鳥四	亥	○六	○○	二○	南	四一	五四	三八	三
羽林軍二十八	亥	○六	二五	五三	南	一四	二九	○七	四
奚仲東增六	亥	○六	三二	三四	北	七四	一八	○○	六
天津東增二十八	亥	○六	四八	四九	北	五一	三○	四五	四
臼一	亥	○六	五三	○○	北	三九	三二	一六	三
車府六	亥	○七	一七	○三	北	五六	三六	○五	四
天津東增二十六	亥	○七	二六	四○	北	四八	二五	○八	六

臼內增三	亥	〇七	三九二七	北	三六	〇七〇七	六	天津東增二十七	亥	〇七	四六一五	北	四八	三四五五	六
火鳥八	亥	〇七	五五三三	南	四六	三一〇五	四	壘壁陣七	亥	〇七	五九四一	南	〇〇	二三〇〇	四
車府北增一	亥	〇八	〇二三二	北	四六	〇四一八	六	蛇首一	亥	〇八	一八四四	南	六四	一〇二〇	三
土公吏一	亥	〇八	二二五二	北	二〇	五一四二	六	車府內增二	亥	〇八	二七一〇	北	五八	五〇一九	六
壘壁陣北增三	亥	〇八	三五三四	南	〇〇	一二四四	六	水委二	亥	〇八	四一四八	南	五五	〇五二三	四
土公吏二	亥	〇八	五六五七	北	一七	一八五一	六	臼內增二	亥	〇九	〇四一〇	北	三八	四六〇七	六
扶筐北增二	亥	〇九	〇九二七	北	八七	一四二〇	六	臼內增一	亥	〇九	一〇一三	北	四〇	一五四〇	六
臼南增四	亥	〇九	一六三〇	北	三〇	五一四二	六	臼南增五	亥	〇九	三三五一	北	二九	五七四四	六
車府五	亥	〇九	三四〇九	北	六〇	〇六一九	五	奚仲東增五	亥	〇九	三五四一	北	七四	四一一五	六
羽林軍三十四	亥	〇九	五三四二	南	一四	四六二六	五	奚仲東增四	亥	一〇	〇七四六	北	七一	三七四八	五

黃道 星名	經度 宮	十度	十分	十秒	緯度 向	十度	十分	十秒	等
羽林軍三十三	亥	一〇	二〇	一二	南	一五	三四	一六	五
車府南增八	亥	一〇	四四	二八	北	四九	〇七	〇〇	六
羽林軍四十二	亥	一〇	四九	一〇	南	〇一	四〇	一四	六
羽林軍四十一	亥	一〇	五三	四一	南	〇一	五七	四五	六
羽林軍四十	亥	一一	二二	三〇	南	〇一	五二	三四	六
車府北增三	亥	一一	三五	四一	北	五九	三三	四〇	六
羽林軍三十一	亥	一一	四九	一九	南	一六	三〇	二一	五
羽林軍三十五	亥	一一	五三	〇二	南	一〇	〇七	五七	六
虛梁四	亥	一〇	二七	三〇	北	〇一	四一	二九	六
臼三	亥	一〇	四八	〇九	北	三四	一六	四八	四
火鳥五	亥	一〇	五二	三六	南	四一	一五	四一	四
羽林軍三十二	亥	一一	一五	五五	南	一六	四五	四八	五
水委一	亥	一一	三三	五六	南	五九	一九	〇六	一
羽林軍三十六	亥	一一	四三	〇四	南	〇八	一八	〇二	六
火鳥六	亥	一一	四九	四二	南	四〇	三三	四五	二
火鳥七	亥	一二	〇八	二四	南	四五	一四	〇六	四

杵三	亥	一二	二四五七	北	三七	四〇三四	六
離宮西增一	亥	一二	四〇四六	北	二八	三五三一	六
車府七	亥	一二	四六二三	北	五〇	三二〇二	六
霹靂西增二	亥	一二	五一二二	北	〇六	五一三九	六
羽林軍三十七	亥	一三	一三一六	南	〇四	四五三九	五
羽林軍四十三	亥	一三	二八五六	南	〇二	四九五一	五
車府南增七	亥	一四	一六五五	北	五〇	二五二一	六
離宮西增二	亥	一四	三三四三	北	二七	〇九三〇	六
雷電三	亥	一四	四二〇一	北	一五	四三三四	六
雷電南增二	亥	一四	五九〇六	北	一四	三〇〇六	六
雷電一	亥	一二	三四〇六	北	一七	四二〇三	三
羽林軍三十九	亥	一二	四二二八	南	〇三	五八〇三	五
霹靂西增一	亥	一二	四九四八	北	〇六	〇一〇九	六
羽林軍三十八	亥	一三	〇九一七	南	〇四	一五四五	五
夾白一	亥	一三	二六〇七	南	八五	二五二九	六
壘壁陣八	亥	一三	三三五七	南	〇一	〇一二五	五
雷電二	亥	一四	二二一九	北	一八	二七一八	五
車府南增六	亥	一四	四一四九	北	五〇	三四二六	六
鈇鉞一	亥	一四	五四四二	南	一四	四〇五六	五
鈇鉞北增一	亥	一五	〇〇〇〇	南	一四	〇〇〇〇	六

星名	黃道經度 宮	十度	十分	十秒	黃道緯度 向	十度	十分	十秒	等
霹靂一	亥	一五	〇〇	五六	北	〇九	〇三	一九	五
鈇鉞二	亥	一五	三三	二四	南	一五	一〇	一七	五
離宮西增三	亥	一五	四五	二九	北	二五	五四	〇二	六
臼四	亥	一五	五五	五六	北	三五	三四	〇三	六
車府內增五	亥	一六	〇〇	五二	北	五二	三九	三〇	六
羽林軍四十四	亥	一六	〇五	三〇	南	一一	〇一	四六	五
火鳥九	亥	一六	三六	三八	南	四八	一四	二七	三
車府四	亥	一六	三八	一八	北	五五	一二	二一	四

星名	黃道經度 宮	十度	十分	十秒	黃道緯度 向	十度	十分	十秒	等
霹靂南增三	亥	一五	二六	一八	北	〇七	〇一	三一	六
鈇鉞南增二	亥	一五	三六	四〇	南	一五	四二	三六	六
杵西增一	亥	一五	四九	一五	北	四一	〇三	四五	五
杵二	亥	一六	〇〇	一三	北	四〇	五九	五二	四
離宮西增四	亥	一六	〇二	三三	北	二五	五六	五九	六
車府北增四	亥	一六	二四	四五	北	五六	二五	三六	六
羽林軍四十五	亥	一六	三七	一七	南	一一	三六	二二	五
鈇鉞三	亥	一六	四三	一八	南	一六	二六	五九	六

雷電北增一	亥	一七	〇六五九	北	一六	四六一八	六
蛇首二	亥	一七	四七〇六	南	七六	〇五二三	五
雷電四	亥	一七	五九一六	北	一三	五三五二	五
雲雨南增一	亥	一八	四一四七	北	〇一	二二五四	六
雷電南增五	亥	一八	五一三九	北	一三	五七五八	六
雲雨一	亥	一九	一九三三	北	〇四	二六二六	五
霹靂北增四	亥	一九	二七一八	北	〇八	五二三五	五
離宮一	亥	一九	二八四八	北	二八	四八一二	四
天園一	亥	一九	五二四一	南	五二	三四二二	三
雲雨南增二	亥	一九	五八五八	北	〇一	二四五三	六
離宮西增五	亥	一七	一四三六	北	二五	〇五四八	六
霹靂二	亥	一七	四八四四	北	〇七	一六四三	四
雷電南增三	亥	一八	一六一九	北	一三	五八一〇	六
雷電南增四	亥	一八	四八三二	北	一三	四七二四	六
雲雨二	亥	一九	〇一一五	北	〇三	〇四二〇	六
雲雨內增四	亥	一九	二〇二〇	北	〇四	一六四〇	六
八魁三	亥	一九	二二〇九	南	一四	一四二五	六
雲雨南增三	亥	一九	三三二八	北	〇一	四六三六	六
室宿一	亥	一九	五四一三	北	一九	二四三七	二
八魁二	亥	二〇	一〇三七	南	一六	一四二二	四

星名	黃道經度 宮	度	分	秒	黃道緯度 向	度	分	秒	等
杵東增二	亥	二〇	二六	五一	北	三八	二九	〇八	六
螣蛇五	亥	二〇	三五	二〇	北	六〇	四一	一五	五
離宮二	亥	二〇	四八	二〇	北	二九	二三	三二	四
雲雨內增五	亥	二一	一九	二三	北	〇三	三七	五四	六
霹靂三	亥	二一	三七	二七	北	〇九	〇一	五八	五
雲雨北增六	亥	二一	五〇	四六	北	〇四	一五	三四	六
離宮四	亥	二三	〇九	一二	北	三五	〇七	〇一	三
壘壁陣北增四	亥	二三	三三	二一	南	〇一	一九	五〇	五

星名	黃道經度 宮	度	分	秒	黃道緯度 向	度	分	秒	等
杵一	亥	二〇	二七	〇七	北	四四	二四	三〇	五
室宿西增一	亥	二〇	四一	三七	北	二五	一一	四七	六
螣蛇六	亥	二一	一四	二五	北	六二	四九	二二	五
離宮三	亥	二一	二〇	四三	北	三四	二五	四三	五
螣蛇北增一	亥	二一	二二	〇四	北	六九	一二	〇〇	五
八魁六	亥	二一	五七	一二	南	一八	四五	五四	五
天園二	亥	二三	二三	二三	南	五六	五八	一七	四
八魁一	亥	二三	四二	一二	南	一五	一六	〇三	五

天鈎北增一	亥	二二	○四 八五	北	七五	四四 六七	六	雷電五	亥	二二	二五 三五	北	一四	二五 五七	六
雲雨四	亥	二三	三○ 六一	北	○三	○二 七五	五	八魁四	亥	二三	四一 ○三	南	一○	○○ ○五	六
壘壁陣北增五	亥	二三	四三 四二	南	○二	三一 九一	六	雷電北增六	亥	二三	一五 九一	北	一六	○四 八九	六
螣蛇三	亥	二四	一○ 八二	北	五七	○二 六二	五	霹靂四	亥	二四	三○ 八三	北	○七	一一 二二	六
雲雨三	亥	二四	○二 七六	北	○二	四○ 七一	六	壘壁陣十二	亥	二四	三二 六七	南	○五	三四 三三	五
天鈎北增二	亥	二四	五二 二七	北	七五	二一 ○五	六	火鳥十	亥	二四	二二 七八	南	四七	一三 七三	三
雷電六	亥	二四	○三 六○	北	一四	二四 五五	五	雲雨北增七	亥	二四	五四 五一	北	○四	四三 三二	六
壘壁陣九	亥	二四	三四 四二	南	○三	四○ 九七	五	螣蛇四	亥	二四	四四 五六	北	五八	三五 七二	四
室宿東增二	亥	二五	四一 八三	北	二八	○二 三八	五	壘壁陣十一	亥	二五	三二 八一	南	○五	五四 五六	四
壘壁陣十	亥	二五	○三 四八	南	○二	四五 五七	五	雲雨東增九	亥	二五	二四 四○	北	○二	三三 ○六	六

星名	黃道經度 宮	十度	十分	十秒	黃道緯度 向	十度	十分	十秒	等
雲雨東增八	亥	二五	四四	四四	北	〇三	二八	五七	六
車府南增十	亥	二六	二八	二八	北	四四	〇二	三一	六
八魁五	亥	二六	四一	二二	南	一三	二七	一五	六
車府南增十一	亥	二六	四九	三六	北	四三	一二	三四	六
室宿東增三	亥	二七	〇一	〇四	北	二九	一三	四八	六
天倉一	亥	二七	二〇	〇〇	南	一〇	〇一	三〇	三
離宮五	亥	二七	二九	〇八	北	二五	三三	五七	六
天鈎北增四	亥	二七	四五	五三	北	七四	一三	四〇	六
室宿二	亥	二五	四七	一三	北	三一	〇八	〇六	二
離宮南增六	亥	二六	三五	〇八	北	二二	四四	二二	六
霹靂北增五	亥	二六	四五	一九	北	一一	〇七	四〇	六
天鈎北增三	亥	二六	五七	三三	北	七四	三三	一〇	六
天園三	亥	二七	一五	一三	南	五八	五六	四八	四
壘壁陣東增六	亥	二七	二四	四五	南	〇三	一一	四二	六
壘壁陣東增七	亥	二七	三三	三五	南	〇三	〇九	五四	六
車府南增九	亥	二七	五三	二四	北	四七	三二	四一	五

霹靂北增八	亥	二八	〇七五五	北	〇六	五八一三	六
車府南增十二	亥	二八	一〇二七	北	四三	五九三五	六
室宿東增四	亥	二八	三八四〇	北	三〇	〇五一七	六
雷電東增七	亥	二八	五七三四	北	一九	〇〇四八	六
霹靂五	亥	二八	五九五五	北	〇六	二二一五	五
雷電東增八	亥	二九	〇八五五	北	一六	四〇〇二	六
離宮東增七	亥	二九	四九〇二	北	二三	一〇〇九	六
霹靂北增七	亥	二八	〇九四五	北	〇九	二四二六	六
離宮六	亥	二八	二三一五	北	二四	四七五二	六
車府三	亥	二八	四三三六	北	五一	一八二二	五
土司空	亥	二八	五八〇二	南	二〇	四六五二	二
霹靂北增六	亥	二九	〇七三三	北	一〇	四五五九	六
離宮東增八	亥	二九	四六五一	北	二六	〇九二〇	六
車府南增十三	亥	二九	五六三六	北	四五	〇五〇六	六